高等教育融合地方文化资源教学研究

罗秀英　著

北方文艺出版社

哈尔滨

图书在版编目（CIP）数据

高等教育融合地方文化资源教学研究 / 罗秀英著
. -- 哈尔滨：北方文艺出版社，2022.7
ISBN 978-7-5317-5657-6

Ⅰ . ①高... Ⅱ . ①罗... Ⅲ . ①地方高校 - 地方文化 -
文化资源 - 文化教育 - 研究 - 中国 Ⅳ . ① G649.2
② G127 ③ G40-055

中国版本图书馆 CIP 数据核字 (2022) 第 113248 号

高等教育融合地方文化资源教学研究
GAODENG JIAOYU RONGHE DIFANG WENHUA ZIYUAN JIAOXUE YANJIU

作　者 / 罗秀英
责任编辑 / 张　璐　　　　　　　　　封面设计 / 张顺霞

出版发行 / 北方文艺出版社　　　　　邮　编 / 150008
发行电话 / （0451）86825533　　　　经　销 / 新华书店
地　址 / 哈尔滨市南岗区宣庆小区 1 号楼　网　址 / www.bfwy.com

印　刷 / 三河市元兴印务有限公司　　开　本 / 710mm×1000mm　1/16
字　数 / 155 千　　　　　　　　　　印　张 / 10.5
版　次 / 2022 年 7 月第 1 版　　　　　印　次 / 2024 年 1 月第 2 次印刷

书　号 / ISBN 978-7-5317-5657-6　　定　价 / 48.00 元

前　　言

随着我国高等教育大众化的快速发展，顺应地方经济社会发展的需求，高等教育成为服务地方经济发展的应有之义和价值所在。服务地方经济的高等教育，其属地与经济的关联，决定了地方性的高等教育与地方文化具有密切的联系，因此研究高等院校融合地方文化成为高等教育的课题之一。

本书立足地方文化研究高等教育，在分析高等教育融合地方文化的困境的基础上对高等教育融合地方文化资源教学进行研究。第一章为高等教育融合地方文化概述。第二章研究当前高等教育融合地方文化的共同困境。第三章研究高等教育融合地方文化要处理好的几组关系。第四章研究高等教育文化与地方文化互动发展。第五、六章分别研究高校与地方历史文化的融合发展及高校思想政治教育应用地方文化。

高等教育弘扬地方文化的困境其实就是理论建设和实践操作的困境。本书从理论上和实践操作上对相关问题进行了研究，为高等教育及地方文化发展的相关研究者提供了一定的思路，是社会、高校师生研究发展地方文化和高校建设的有益参考。

作　者

目　　录

第一章　高等教育融合地方文化概述

第一节　核心概念界定

核心概念的界定是科学研究的逻辑起点。马克斯·韦伯（Max Weber）认为，对概念的入门性探讨几乎是不能省略的，尽管它有时给人以远离现实之感，并且难免会显得抽象。概念是"反映客观事物的一般的、本质的特征"[①]，是人类认识事物的基本依据。对研究概念的界定和梳理既有助于回顾研究对象的历史演变，又有助于进一步明确所要研究对象的具体范畴和操作尺度。

一、地方高校

高校是高等学校的简称，高等学校泛指对公民进行高等教育的学校，包括大学、专门学院和高职高专院校。

在高等教育体系与结构的研究中，如何划分高等学校类型，是一个世界性的难题，但又是一个高等学校定位与发展必须解决的问题。18世纪以前，高等教育机构基本上只有大学一种组织形式，高等学校就是大学。[②]但19世纪开始，欧洲高等教育机构从单一的大学组织形式大量分化出单科学院和应用性高等专科学校。中华人民共和国成立前，我国沿袭这种结构体系，高等学校分为大学、学院和专科学校三种类型。中华人民共和国成立后，高等学校经过院系调整，大量增设独立的专门学院，但仍是上述三种基本类型，分为综合性大学（文科、理科）和多科性大学（大多是多学科的工科大学）、专门性的独立学院及应用性专科学校。这样的划分仍有弊端，如多科性大学

[①]中国社会科学院语言研究所词典编辑室. 现代汉语词典 [M]. 4版. 北京：商务印书馆，2002：404.

[②]黄福涛. 欧洲高等教育近代化：法、英、德近代高等教育制度的形成 [M]. 厦门：厦门大学出版社，1998：178.

和专门性的独立学院专业口径过窄，专科学校定位不明确，不能很好地适应经济和社会发展的需要。改革开放以来，我国进入经济和社会转型时期，高等教育同样面临着结构改革与调整的任务。但受到传统的"重学轻术""重理论轻应用"思想的误导和政策不明的影响，全国高校都在朝着"大而全、上层次"的方向努力，这种不顾主客观条件的互相攀比导致高校定位不当、缺乏特色，甚至出现"千校一面"的尴尬局面。众多高校追求单一化的目标，不利于高等教育的多样化和大众化，不能满足社会发展对多层次、多规格专门性人才的需求。近年来，随着我国高等教育大众化进程的加快，我国成为世界上高等教育规模最大的国家，教育管理部门开始思考"高等学校怎么分类"和"采取什么政策引导学校分类发展"的问题，许多高校开始思考把自己"建设成一个什么样的学校"和"怎么建设"的问题，同样的问题也摆在专家、学者面前。

在国际上影响较大的大学分类法有联合国教科文组织的《国际教育标准分类法》和美国卡内基教学促进基金会的《卡内基高等学校分类法》。《国际教育标准分类法》2011 年版将高等教育分为 5 级、6 级、7 级、8 级四个阶段，5 级相当于专科教育阶段，6 级相当于本科教育阶段，7 级相当于硕士教育阶段，8 级相当于博士教育阶段。《卡内基高等学校分类法》是美国较为权威的高等学校分类法。这种分类法始于 1970 年，根据相应年度大学各方面表现的现实数据及其所揭示的目标定位情况对大学进行分类，目前已有 1976 年版、1987 年版、1994 年版、2000 年版、2005 年版。2005 年版的《卡内基高等学校分类法》以本科教育分类、研究生教育分类、学生结构分类、本科生特征分类、规模与设置分类、基础分类、社会服务分类七个类别为基点，学位授予权、特定学位授予量与所占比例、学制、规模、隶属、地理位置、学科布局，以及各层次学生构成、学生性质、学生质量、学生来源等众多要素均被纳入其中，形成了较为全面、成熟的美国高等教育分类体系。

联合国教科文组织的《国际教育标准分类法》的主要依据是人才培养的类型，同时兼顾了学生学习年限的长短和学位的高低。2005 年版的《卡内基高等学校分类法》由系列分类取代了原有的单一分类，分类标准涉及人才培养、科研活动及社会服务等各方面。高等学校分类发展是社会和教育自身双重选择的结果，目前我国学者对高等学校分类研究的主要依据是高等学校的功能、层次、类型等。

我国已有学者明确指出应依据大学基本职能来进行大学分类。根据高等教育的基本职能，将普通高校划分为研究型大学、教学研究型大学、教学型本科院校和另一种高等教育的模式或类型的高等职业学院（高职高专院校）。①此外还有以下几种分类方法。

学科门类和学科所占比重分类法。《中国教育统计年鉴》以学科门类和学科所占比重为标准，将中国的大学分为综合性大学、理工学院、农业院校、林业院校、医药院校、师范院校、语言院校、财经院校、政法院校、艺术院校、体育院校、民族院校。

目标定位分类法。潘懋元先生曾指出，参照联合国教科文组织《国际教育标准分类法》，结合中国高等教育机构的实际，中国的大学可分为综合性研究型大学、多科性或单科性大学、多科性或单科性职业技术型院校。②

简单功能分类法。杜彦良、江舒曾参照国内外的分类方法，建议将我国的大学分为研究型大学、教学研究型大学和教学型大学。③

承担任务分类法。陈敏在《大众化视野中的高等学校分类》一文中指出："高等教育多样化必然表现为高等教育机构的多样化。在此把承担精英高等教育的机构称为精英型大学，承担大众高等教育的机构称为大众型大学，既承担精英高等教育又承担大众高等教育的机构称为精英 - 大众并存型大学。"④

三层次分类法。教育部原部长周济在《谋划发展 规划未来》一文中指出，

①孔繁敏. 建设应用型大学之路 [M]. 北京：北京大学出版社，2006：21.

②潘懋元. 21世纪国家的核心竞争力："教育—人才"的合理结构 [J]. 中国高教研究，2005（03）：2-3.

③杜彦良，江舒，张爱淑，等. 关乎成与败、得与失：不同类型高等学校定位与人才培养模式的实践与思考 [N]. 中国教育报，2004-07-09（4）.

④陈敏. 大众化视野中的高等学校分类 [J]. 现代大学教育，2002（01）：64-68.

"我国高等学校基本上可分为三类，一是研究型和教学研究型大学，二是以本科教育为主的大学，三是高等职业学院"①。

七层次分类法。陈学飞在《高等教育系统的重构及其前景——1990 年代以来中国高等教育管理制度的改革》一文中提出我国高等教育系统的七层次分类法。第一层是进入创办世界一流大学行列的 9 所大学；第二层是进入"211 工程"计划的除以上 9 所大学外的 50 所大学；第三层是教育部所属的其他全国性重点大学，以及中央政府业务部门和直辖市、省、自治区重点支持的大学；第四层是其他四年制本科大学和学院（包括少量有资格授予学士学位的民办高等学校）；第五层是专科性普通高等学校（包括高等职业学校、两年制学院）和成人高等学校；第六层是社会力量创办的其他高等学校；第七层是近年来平均每年有近百万人参加的高等教育自学考试系统。②

类型分类法。广东管理科学研究院的武书连提出了大学的类型分类法。按学科比例划分大学的类，我国大学可分为综合类、文理类、理科类、文科类和专业类五类；按科研规模和研究生比例划分大学的型，我国大学可分为研究型、研究教学型、教学研究型和教学型四型。"类"反映大学的学科特点，"型"表现大学的科研规模，每个大学的类型由上述类和型两部分组成，类在前型在后。③

纵横结合三次分类法。陈厚丰在《中国高等学校分类与定位问题研究》中提出了纵横结合三次分类法。第一次划分以办学经费来源为依据，从横向上将中国高等学校划分为公立高等学校和民办高等学校两个一级类别；以办学导向为依据，从横向上将中国民办高等学校分为营利性民办高等学校和非营利性民办高等学校两个二级类别。第二次划分是以高等学校履行三大职能的产出比重为依据，在第一次划分的基础上从纵向上将我国高等学校划分为研究型、教学科研型、教学型和应用型。第三次划分以高等学

①周济. 谋划发展 规划未来 [J]. 中国高等教育，2003（02）：5-11.

②陈学飞. 高等教育系统的重构及其前景：1990 年代以来中国高等教育管理制度的改革 [J]. 高等教育研究，2003（04）：9-12.

③武书连. 再探大学分类 [J]. 科学学与科学技术管理，2002（10）：26-30.

校学科（专业）覆盖面为依据，对高等学校进行第三级横向分类，在横向上将高等学校划分为综合类、多科类、单科类。①

范围集中度和两个维度划分法。马陆亭在《如何实现高等教育资源的优化配置——对我国高等学校层次类别的剖析》一文中提出了范围集中度分类法。他的分类结果是：以清华大学、北京大学为龙头的 10 至 20 所研究型大学；50 至 60 所教学科研型大学；500 至 600 所教学型本科院校；1000 至 2000 所高等专科学校和高等职业学校。②2005 年，马陆亭在《我国高等学校分类的结构设计》一文中提出了按层次和类型两个维度划分的方法。一维按层次"教学型学院 - 研究型大学"框架构建，关键是安于定位、办出水平；另一维按类型"学术型人才培养 - 应用型人才培养"框架构建，关键是导向明确、办出特色。③

以上所说的高等学校的分类都是依据其功能、层次、类型来划分的。若从地理学上讲，"地方"是指具有特定自然条件的区域；从政治学上讲，"地方"是指某一国家所属的各个行政区。我国所属的行政区分为省级行政区、县级行政区、乡级行政区，它们都是我国的各个"地方"。我国通常根据高校的行政隶属管理方式将高校划分为中央部属高校和地方高校。地方高校即地方所属高等学校，指隶属各省、自治区、直辖市、港澳特区，大多数靠地方财政供养，由地方行政部门划拨经费的普通高等学校。地方高校作为我国高等教育体系的主体部分，以服务区域经济社会发展为目标，着力为地方培养高素质人才，具有"地方投资""地方管理""办在地方""服务地方"的办学特点。

综上，目前我国高等学校并没有一个统一的、权威的分类方法。本书中的高校指的是分布在省级以下中心城市，由省或省级以下行政单位管辖的各

①陈厚丰. 中国高等学校分类与定位问题研究 [M]. 长沙：湖南大学出版社，2004.

②马陆亭. 如何实现高等教育资源的优化配置：对我国高等学校层次类别的剖析 [J]. 高等教育研究，1997（02）：51-57.

③马陆亭. 我国高等学校分类的结构设计 [J]. 北京大学教育评论，2005（02）：101-107.

类高校，其最大特点是地方性。[①]

二、文化

20世纪末以来，"文化"这个词的使用频率迅速上升，无论是专家、学者，还是各行各业人员，几乎是"言必称文化"。那么，到底什么是文化？当代大学者钱锺书先生面对著名文学家庞朴有关"什么是文化"的提问时，曾回答道："到底文化是什么呢？本来还清楚呢，你这一问倒糊涂了！"[②] 随着文化问题的日渐复杂及人们对文化认识的不断扩大和深入，学者们从不同的视角和学科出发，提出了上千种关于文化的定义，但没有能得到国内外学术界一致公认的定义。季羡林曾说现在全世界给文化下的定义有500多个，胡潇曾统计在文化研究热潮中，涌现出来的文化定义有10 000以上。[③] 因此，笔者在此在前辈理论的基础上进行分析、整合、提炼，以期得出符合本书研究的"文化"界定。

"文化"一词源于拉丁文，最初有土地耕作、培养、教育、发展、尊重等意思。公元前1世纪,古罗马著名演说家马尔库斯·图利乌斯·西塞罗（Marcus Tullius Cicero）继承和发展希腊文化概念中的精神方面，在文化问题上提出了"智慧文化""智慧耕耘""性灵培育"等说法。随着基督教的发展与兴盛，古希腊精神作为欧洲中世纪的文化概念在本质上被继承，其含义被神学逐渐同化。就当时流行的观念而言，文化的真正含义是带有神学或神学性质的哲学。文化直到17世纪才从神学中解放出来，并且具有独立的意义。18世纪启蒙时代，伏尔泰、孔多塞（Condorcet）等人把文化视为不断向前发展和使人得到完善的社会生活物质要素和精神要素的统一。德国一些哲学家对文化

[①]董泽芳，张继平. 地方高校服务社会的价值取向 [J]. 高校教育管理，2007（03）：12-16.

[②]肖海鹰. 文化的"热"与"盲"：访文化学家庞朴 [N]. 光明日报，1993-02-27（3）.

[③]周德海. 对文化概念的几点思考 [J]. 巢湖学院学报，2003（05）：19-23，88.

的理解则偏重于精神方面。①19 世纪末，随着人类学、社会学的兴起，"文化"的概念成为学者讨论的一个热点。英国人类学家爱德华·伯内特·泰勒（Edward Burnett Tylor）在其所著的《原始文化》中阐述道，文化从人种学的广阔角度来理解，它是包含知识、信念、艺术、习俗、道德观和法治观念等的复杂整体，人作为一个社会成员，可以从中获得的那些能力和习惯。从那以后，众多的学者开始按照自己对文化的理解，使用文化这一概念，并对其下定义。到了 20 世纪中叶，符号 - 文化学派在西方兴起，克莱德·K. M. 克拉克洪（Clyde K. M. Kluckhohn）指出：文化作为一种行为模式，包括各种外显或内隐的部分；通过符号的运用，它使人们学习、传授，并形成人类群体的显著成就，人工制品体现的成就也包括其中；由历史衍生及选择而成的传统观念是文化基本核心所包含的内容，特别是价值观念；虽然文化体系可以被认为是人类活动的产物，但它也可以被认为是人类进一步做出活动的限制因素。在欧美，这个定义得到了广泛认同。而苏联则表现出追求文化发展的主客体统一的趋向。《苏联大百科全书》认为，文化作为人和社会在历史上一定的发展水平，表现在人们不同类型的生活和形式多样的活动上，以及人们创造出的物质财富和精神财富中。②

　　"文化"一词是由"文身""转化"两个词发展而来的。在金文和甲骨文的书写中，"文"字最早的形式象征一个人前胸挂了一串贝壳或是被文以图案。③ 这个字也可写作父、耳、炙，其基本结构为四条线相交，故"文"的原始意义为"交错"。从最初的这种形式，逐步延伸出"文身""符号""交叉线条"，到后来又有了"象形文字""文章"等意思。尽管另一个字"纹"在后来被用来专指"文身"，④ 但是这些意思似乎仍然被"文"字所包含。即使文身或修饰人身的"文"字的基本含义逐渐消失，在使用中它还是保留

---

①邵汉明. 中国文化研究二十年（修订本）[M]. 2 版. 北京：人民出版社，2006：414.

②同上书，第 415-416 页。

③周法高. 金文诂林 [M]. 香港：香港中文大学出版社，1975：523-527.

④许慎. 说文解字：附检字 [M]. 北京：中华书局，1998：177.

了一定的抽象含义，其中就包括一个人对自己的外表行为及内在感情的修饰。《说文解字》指出，"化"字是由"匕"字转化而成的。在甲骨文中，"匕"类似一个倒立着的人，象征一个在子宫中发育的人。"化"在《说文解字》中有众多的注解，其中包括：①倒立的人；②变化。后来，又把人字旁加在"匕"的左边，用来表示一个站立着的人。① 在保留原来含义的基础上，"化"又增添了抽象意义，开始指生命的一种能动的被塑型的过程、教化的过程，也可以说，一个人通过受教育和思想灌输使内在和外在符合社会规范。

"文化"一词，在中国古代是指与武力征服相对的"文治教化"。西汉时期，刘向《说苑·指武》指出："圣人之治天下也，先文德而后武力。凡武之兴为不服也。文化不改，然后加诛。夫下愚不移，纯德之所不能化而后武力加焉。"② 刘向所说的"文化"，并非一个词，"文"指"文德"，与古代的"人文"之义相通。《周易》说："刚柔交错，天文也；文明以止，人文也。观乎天文，以察时变；观乎人文，以化成天下。"③ 这里的"化"是"教化"的意思，表示行为的衍变过程，后来不断与"文"等名词组合，逐渐变成一个名词后缀。"文化"组成一个整体，属于名词意义上的概念，侧重于"人文"之义，主要指人伦道德等思想观念，以及体现这些思想观念的典章文物、礼乐制度、风俗习惯等。到了近代，随着西方人文社会科学的传播，中国学者如梁启超、蔡元培、胡适、陈独秀等也纷纷对文化概念进行探讨。但也有学者指出，由于文化学及与之相关的学科（如人类学、民族学、社会学等）在现代中国尚未获得充分发展，以往的中国学术界基本还处在对传统的和外来的文化学说和文化定义进行介绍和评价的阶段。④

现当代中国的文化定义也为数不少，但几乎每位学者都要在考察国内外现存文化概念的基础上做出自己的选择或提出自己的看法。目前关于文化的

---

① 许慎，段玉裁. 说文解字注 [M]. 上海：上海古籍出版社，1981：384.

② 刘向，赵善诒. 说苑疏证 [M]. 上海：华东师范大学出版社，1985：20.

③ 周振甫. 周易译注 [M]. 北京：中华书局，1991：80.

④ 邵汉明. 中国文化研究二十年（修订本）[M]. 2版. 北京：人民出版社，2006：415-416.

定义有三种，即广义、狭义及多义兼容说。①

1. 广义说

《现代汉语词典》对"文化"一词给出的广义上的解释为"人类在社会历史发展过程中所创造的物质财富和精神财富的总和"②。这种说法流于对文化做静态分析，是从人的活动结果看文化，没有将其看作时刻不断变化着的过程。所以，广义文化论者在坚持以人类物质成果和精神成果为文化涵盖对象的同时，又特地加进了人的活动方式这一内容。比如，文化是以人的活动为方式、以人的活动所创造的物质产品和精神产品为内容的系统，是人类社会所特有的现象。物质文化的产生是因为人类活动对自然界的作用；制度文化的产生是因为人类活动对社会的作用；精神文化的产生是因为人类活动对人本身的作用。③文化是活动方式与活动成果的辩证统一，在处理任何世界关系的过程中，文化即是人类所采取的精神活动、实践活动的方式及其所创造出来的物质和精神成果的总和。④

2. 狭义说

不少学者认为，广义文化界定的涵盖面过宽，他们主张把文化的概念限定在精神领域，认为文化应是"特指精神财富，如文学、艺术、教育、科学等"⑤。但这也是从人的活动结果看文化，因此一些学者在倾向狭义说的前提下进行了种种探讨。例如："文化实质上是通过各种物质形态所表现出来的人类的精神。"⑥"文化是隐藏在文学、艺术、法律、习俗风尚等背后的东西，而

①李申申，陈洪澜，李荷蓉，等. 传承的使命：中华优秀文化传统教育问题研究 [M]. 北京：人民出版社，2011：47.

②中国社会科学院语言研究所词典编辑室. 现代汉语词典 [M]. 7 版. 北京：商务印书馆，2019：1372.

③周洪宇，程启灏，俞怀宁，等. 关于文化学研究的几个问题 [J]. 华中师范大学学报（哲学社会科学版），1987（06）：47-58.

④张岱年，程宜山. 中国文化与文化论争 [M]. 北京：中国人民大学出版社，1990：2.

⑤中国社会科学院语言研究所词典编辑室. 现代汉语词典 [M]. 5 版. 北京：商务印书馆，2005：1427.

⑥晁福林. 天玄地黄：中国上古文化溯源 [M]. 成都：巴蜀书社，1990：9

不是这些具体意识形态的组合体。介于一般意识形态与哲学之间，文化是从后者提炼出来，并尚未上升到哲学高度的民族思维方式、心理结构和价值体系。"①在生产实践的前提下，不同群体以自己的价值取向为归宿和出发点，把创造的精神财富、产生的精神现象称作"文化"。这些产生的精神现象及精神财富相互依存的观念形态逐渐成为核心，其中包括物质形式和生活方式，它们与观念互为表里、构成因果、相互作用。②

3. 多义兼容说

其实赞同广义文化说的学者，大都也承认狭义文化说。《辞海》和《现代汉语词典》等也属此类，其中的文化含义共有五种，前两种前文已述，另外三种是：中国古代所说的"文治与教化"；指运用文字的能力及一般知识；考古学用语，指同一历史时期，不依分布地点为转移的遗迹、遗物的综合体。根据上述有关文化的几种含义与主张，景庆虹把文化划分为广义文化、中义文化和狭义文化。从广义上说，文化是人类在社会历史实践中的活动方式及其所创造的物质财富和精神财富的总和。就中义而言，它是人类创造的精神产品，也可以将其理解为意识形态的一部分，如一些观念性的东西，包括文学、科学、道德、艺术、法律、哲学、伦理、风俗等。从狭义来看，它不仅指人类的一般知识，也包括人类运用文字的能力和水平等。③

关于文化，解释多种多样，因人而异。本书中的"文化"指的是与政治、军事、经济、科技等有别的精神生产成果，包括语言、艺术、精神、信仰、思想、道德、文学、风俗等。它形成了各民族稳定的心理结构、思维方式、思想观念、价值体系和性格特征，影响并制约着人们的生活方式、行为模式和情感状态。它以文字等符号系统或人的各种行为及物质产品为载体，通过哲学、教育、文学、艺术等具体的意识形态与社会制度来表现、传播，并在不同历史时期得以延续和发展。

①张大同，刘京希. 中国传统文化思想学术讨论会纪要：纪念本刊创刊三十五周年[J]. 文史哲，1986（05）：15-20，86.

②邵纯. 文化范畴论纲 [J]. 实事求是，1991（02）：8-12.

③景庆虹. 文化问题之我见[J]. 石油大学学报（社会科学版），1991（02）：95-99.

三、地方传统文化

"地方"是相对于"中央"而言的，是中央下属的各个行政区，我们可以理解为中国境内的某个地域。本书所指的"地方"限定为河南省的洛阳市、安阳市和焦作市。

"传统"在中国古代的概念是"传"的相传、继续和"统"的世代相承某种根本性的东西的意义连接在一起组成的整体含义。在现代，"传统"已经融入英文 tradition 的汉译内涵，成为一个较为复杂的概念。学者从不同角度做出了不同的解说。从语义学的角度讲，"传，指前人以传世后人；统，继也"，是指后人承继前人，因而"传统"无非是人类社会生活中前后相承、世代相传的东西。从民族学、文化学等学科的角度讲，由于历史的延续和积淀，这种传统成为某一地区或民族具有一定特色的风俗习惯、文化观念、伦理道德、情感方式、思维方式、心理特征及语言文字等的总和。[①] 还有人将传统与文化等量齐观，指出传统是文化稳定结构和形式化的结果，是与文化有内在联系，但又相互区别的概念。[②] 解释学派强调传统是被诠释的，传统是同时具有历史传承与后世创造性的社会文化现象。他们反对把传统仅仅作为历史现象。[③]

所以，地方传统文化就是某一地区或民族文明演化而汇集成的一种反映区域或民族特质和风貌的文化，是区域或民族发展史上各种思想文化、观念形态的总体表征，是居住在这一地域内的中华民族及其祖先所创造的，为区域民众世世代代所继承发展的，具有鲜明地域或民族特色的，历史悠久、内涵博大精深、去其糟粕取其精华、传统优良的文化。

[①]李秀林，李淮春，陈晏清，等. 中国现代化之哲学探讨 [M]. 北京：人民出版社，1990：323-324.

[②]邵汉明. 中国文化研究二十年（修订本）[M]. 2 版. 北京：人民出版社，2006：466.

[③]同上书，第 467 页。

第二节　高等教育融合地方文化的理论基础

一、高等教育功能理论

高等教育具有多种功能，可以从不同的角度和不同的层面来考察。从社会学的角度出发，目前国内多数学者比较一致的观点是高等教育的双功能论，即高等教育的育人功能和社会功能。培养人才以促进人的全面发展即是育人功能；高等教育对社会的作用即是社会功能，其中包括政治领域、经济领域、文化领域等多个领域和不同方面的内容。[①]同时，有关高等教育的功能，朱九思先生概括为传递高级文化、探究高深学问、培养高级人才。[②]另外，潘懋元、朱国仁认为文化选择与创造是高等教育的基本功能，也就是说高等教育具有文化功能。[③]

高等教育与文化发展是双向互动的关系，高等教育以知识为中介，直接与社会经济、政治生活相关联，从而对社会的制度建设、精神文明建设和物质生产产生影响。高等教育是文化的主要载体，与政治、经济相比，文化与高等教育更具有深层次的本质联系。随着文化、科学的发展，高等教育逐步从普通教育中分离出来，成为一种相对独立的教育层次，是建立在一般教育基础之上的专业教育，传授与研究相对高深的专业知识与学问，传承相对高深的文化，培养高级专业人才。因此，高等教育的文化功能与普通教育相比既有共性，又有个性。高等教育的文化功能概括起来主要包括四个方面：文化保存与继承功能、文化传播与交流功能、文化选择与批判功能、文化发展与创新功能。[④]

①邬大光，赵婷婷. 也谈高等教育的功能和高等学校的职能：兼与徐辉、邓耀彩商榷 [J]. 高等教育研究，1995（03）：57-61.

②朱九思，文辅相. 论学科建设 [J]. 高等教育研究，1993（02）：14-21.

③潘懋元，朱国仁. 高等教育的基本功能：文化选择与创造 [J]. 高等教育研究，1995（01）：1-9.

④王处辉. 高等教育社会学 [M]. 北京：高等教育出版社，2009：164.

1. 高等教育的文化保存与继承功能

文化保存是指以文字、语言、物质等为载体，使人类文化得以存在；文化继承是指文化在时间和空间上的延续。在当今社会，虽然传递文化的媒介日趋增多，但不可否认，高等教育在社会文化的传递和继承过程中具有不可或缺的作用。高等教育所传递的文化具有以下特点：第一，高深性。高等教育有其独特的文化氛围，代表了社会最先进的文化，具有前瞻性、先导性，对整个社会的发展具有导向作用。第二，动态性。高等教育领域，特别是高校历来都处于各种文化冲突和融合的中心，涉及很多有争议和需进一步探索的问题和领域。第三，专业性。高等教育专业教育的特性使其随着社会的发展与社会生产部门的联系更普遍和紧密，这就说明高等教育所传递的文化应以学科专业为主。第四，系统性。高等教育所传递的文化是经过选择和整理之后的知识体系，既是对前人先进文化遗产的继承，又是后人归纳、提炼的结晶。

2. 高等教育的文化传播与交流功能

文化传播是指一种文化向另一种文化扩散的过程，而文化交流是指两种或两种以上的文化相互扩散的过程。高等教育活动是文化传播和交流最重要的途径，具有与其他途径和手段不同的特点和功能。第一，深层次性。高等教育传播的是价值观念、思维方式、审美情趣、学术思想理论等深层次文化，在传播和交流的过程中往往容易激发新的文化价值观念，成为推动文化和社会变迁的根本动力。第二，高选择性。通过高等教育途径进行文化传播，一方面要根据社会的需要、价值取向进行选择，另一方面要按照文化本身的价值做出选择。因此，高等教育的文化传播功能有助于产生较好的对不同文化的吸收、融合、调和而趋于一体的文化整合效应，而且具有新质的文化也容易从这种文化传播中产生。第三，强系统性。在高等教育的传播过程中，传播者和受众之间建立的是一种经常性的、系统的联系，进行的是稳定的、有次序的文化接触。因此，高等教育传播的是系统的、完整的、有序的文化。

3. 高等教育的文化选择与批判功能

文化选择是指高等教育对某种文化的自动撷取或排斥。高等教育要想实现自身的价值，满足社会的发展，就必须对文化进行选择。高等教育通过以下途径进行文化选择：一是通过培养目标选择文化，二是通过课程和教材选择文化，三是通过教师群体选择文化，四是通过校园环境选择文化。[①] 高等教育的文化选择过程也表现出自主性、时代性和丰富性的特点。

批判是一种扬弃，或者称之为反思，是创新的基础之一。关于高等教育的批判功能，潘艺林认为它是高等教育的亲本功能。"亲本"表明了批判功能的基础地位和衍生作用，高深知识是高等教育的独特的工作内容，离开了批判，高等教育就会因为迷失独特的工作对象而迷失自身。高等教育的批判是不带有任何世俗目的和功利色彩的，是根据一定的学理依据、学术态度和独立的学者人格而进行的批判，它是最宽容也是最严厉的，而且不惧怕任何外在的压力。

4. 高等教育的文化发展与创新功能

文化的生命在于它会不断地创新，只有不断更新的文化才能源远流长、历久弥新。高等教育具有发展和创造文化的独特优势，其文化发展与创新功能也有比较鲜明的特点。第一，高等教育发展与创新文化的途径在于培养创新型人才。创新型人才的培养过程实质上就是文化发展与创新的过程。21世纪高等教育所要解决的最重要的问题，就是如何广泛开展创新教育，造就一大批富有创新精神的人才。第二，高等教育发展与创新文化的主体是具有创新意识和创新能力的教师和学生。他们将研究的理论成果和实践成果以文字资料或物化的形式呈现，对社会的政治、经济、文化甚至人的精神产生重要影响，逐步形成了新的文化环境和新的文化类型。第三，随着知识经济时代的到来，高等教育的内容越来越强调知识的生产性和创新性，高等教育的方法也更加突出对学生能力与学习兴趣的培养。

总的来说，高等教育的文化功能主要体现在以上四个方面。需要指出的

---

①潘懋元，朱国仁. 高等教育的基本功能：文化选择与创造 [J]. 高等教育研究，1995（01）：1-9.

是，高等教育的这几种功能是相互联系的统一整体，离开了任何一种功能，其他功能都不复存在。

二、高等学校职能理论

高等学校的社会职能是高等教育与社会发展关系的一个基本问题，也是办好高校首先要明确的问题。一般认为，高等学校有三大职能。一是培养人才，体现在高校的教育活动和教学活动之中。二是发展科学，体现在学校的科研活动之中。三是直接为社会服务。[①]11 世纪初，意大利博洛尼亚大学首开人类高等教育先河，历经千载，大学的职能也经历了一个不断拓展、丰富的过程。近代大学一经产生就有培养人才的职能，直到 18 世纪，大学的基本职能还仅仅是培养人才，一般是以培养官吏、法官、医生、牧师为主，后来才重视培养自然科学和社会科学人才。当时只有大学里的少数教授和科学家在做科学研究，大学还没有把它作为正式的职能。当时的大学是和社会隔离的，更谈不上直接为社会服务。

19 世纪初，卡尔·威廉·冯·洪堡（Karl Wilhelm von Humboldt）创办柏林洪堡大学，提出通过科研进行教学、教学和科研统一的办学原则，要求教师在传授知识的同时传授自己的研究思想和研究成果，并要求学生组织研究班，以研究班的形式学习，就此将科研引进教学活动之中。后来这种做法被德国的许多大学效仿，科学研究和高等学校结合，德国的科学事业飞速发展，从而带动工业产业的发展，使得原本在欧洲落后的德国在短短几十年时间内赶超法国和英国。有人在评价这段历史时曾说，"法国的科学中心在科学院，而德国的科学中心在大学"。也就是说，从柏林洪堡大学开始出现了高等学校的第二职能。这一做法随后被世界各国的高等学校效法，特别是美国，许多新成立的大学纷纷开展第二职能的活动。

19 世纪后期，美国的威斯康星大学提出高等学校要直接为社会服务，并将其正式作为高等学校的第三职能。威斯康星大学作为美国的州立大学，得益于美国的《莫里尔法》（赠地法案）而成立。法案当时规定，美国联邦政

---

①潘懋元，潘懋元论高等教育 [M]. 福州：福建教育出版社，2000：242.

府按每一名国会议员赠送三万英亩土地的标准，给所属的州调拨建立一所农业和机械工程学院的经费，专为发展当地的农业和地方工业服务。这样办起来的大学就和地方的联系非常紧密，所以威斯康星大学提出的办学指导思想就是直接为本州服务，提高本州的农业和工业发展效率。威斯康星大学除了培养人才，还向当地农民普及农业科学知识，并开放实验室，替当地做土壤、矿石等科研分析，同时大学的教授也到州政府做顾问，帮助本州解决生产问题，使得本州农业、工业、经济飞速发展。当然，大学的这种做法也得到了丰厚的社会回报，资本家、企业家纷纷向大学投资。这种办学思想，在美国称为"威斯康星思想"，也就是"直接为社会服务"的思想。其实质就是利用大学的人力资源、科研资源直接为当地社会发展服务，发展高等学校的第三个职能。

约翰·S. 布鲁贝克（John S. Brubacher）在谈到高等教育哲学问题时指出："高等教育哲学的许多方面都是以满足各自所属的历史时期的不同程度的需要来获得各自的合法地位的。"事实上，大学的三大职能的出现并得到人们的认可也是如此。从大学职能的拓展与历史的演进中可以发现，每一种职能的确立，都有其历史原因和逻辑上的必然性。确切地说，每种职能都是满足时代需要的产物。

历史的车轮把我们带入 21 世纪，世界处于大发展、大调整、大变革时期，经济全球化、世界多极化深入发展，世界经济格局发生新的变化，综合国力竞争和各种力量较量更趋激烈，各国为在国际竞争中处于主动地位，纷纷把深度开发人力资源、实现创新驱动发展作为战略选择。同时，高等教育面临着更为复杂的环境，大学原有的三大职能论无法完全解释当前大学的地位和作用，许多学者都在研究大学的"第四职能"，并提出了改造社会说、创造新职业说、国际合作（国际化）说、技术创新说、社会良知说、社会阶层再生产说、文化交流（交往）说等。在激烈的讨论中，学者也意识到，为了实现中华民族的伟大复兴，为了实现中国梦，当今世界各国除了在政治、经济、军事、外交等领域的竞争，更注重的是文化软实力的竞争。文化软实力是综合国力和国际竞争力的重要组成部分，主要是指在社会文化领域中具有精神感召力、社会凝聚力、价值吸引力、思想影响力的文化资源。于是学者们又提出大学的文化传承创新、引领文化、引领未来等新的文化职能。

其实大学从诞生之初就作为一种文化和精神的象征，作为一个社会主流文化的策源地和集散地，具有与生俱来的、更为独有的、影响更为深远的引领文化的职能。胡锦涛在庆祝清华大学建校 100 周年大会上发表的重要讲话，充分肯定了高等教育是优秀文化传承的重要载体和思想文化创新的重要源泉，明确提出将"文化传承创新"作为大学的四大职能之一，这也是我们重新认识大学职能的理论指南。

高等学校新职能的出现并不是对原有功能的否定，也不可能特立独行，它们是有机的统一体，并且在各个职能的发挥上互为补偿。

第三节　高等教育融合地方文化的意义

一、必要性

优秀的地方文化能够教化人、影响人，人文素质教育能够引导人、塑造人，二者在功能和目的上具有天然的一致性。高校是科学文化传播和人文素质教育的重要阵地，其发展离不开当地优秀地方文化的滋养。优秀地方文化具有独特的教育功能，是地方高校人文素质教育提高实效的宝贵资源，而地方高校人文素质教育对地方文化的选择、传播与研究能为地方文化的传承与发展提供平台，它们之间的天然关系和密切联系使得二者的结合具有必要性。

1. 地方文化是高校人文素质教育的宝贵资源

人文素质教育主张培养和提升学生的人文精神和人文学养，不断健全和完善学生的人格，使其内在精神品质和文化品质有机结合与协调发展。[①] 对高校来说，人文素质教育既是规范性教育，又是针对性教育。规范性要求教育的目标具有规格，针对性要求教育的成果具有特色，这样才能实现人文素质教育的可持续发展。也就是说，高校在开展人文素质教育时要体现普遍性，

①吴小英. 大学人文素质教育新论 [M]. 杭州：浙江大学出版社，2012.

在不同专业的培养方案中都要体现人文素质教育的基本要求，促进每个学生的全面发展。每所高校在进行人文素质教育时，也要体现特殊性，要结合学校办学发展特色和学科专业特点，通过实施具有特色的人才培养措施，形成特色成果，培养特色人才。贺祖斌教授提出地方高校应强化"地域性"办学特色，挖掘地方资源，形成不可替代的特色优势，实现错位发展。因此，为实现人文素质教育的可持续发展和纵深发展，地方高校可以在符合普遍性、规范性教育要求的基础上，立足本地丰富的文化资源优势，提出特色鲜明的目标要求，形成独特、优良的办学特色，塑造富有风格、特色的人文素质教育体系。

优秀的地方文化是生活在某一特定区域的人们在历史中形成的长期稳定的生活文化，是凝聚区域内人们处世哲学和生存之道的物质、精神文化，蕴含着丰富的人文教育功能和价值，能充实地方高校人文素质教育资源，也能提高地方高校人文素质教育质量。第一，地方文化可以丰富人文素质教育的内容。地方高校通过找寻地方文化资源与人文素质教育课程的契合点，将地方文化资源经过教育学的特殊处理，转化为人文素质教育课程，有助于丰富人文教育内容，使其更加贴近学生生活，从而增强学生的文化认同感和本土归属感。第二，地方文化可以活化人文素质教育的方式。当前的人文素质教育仍以课堂教学为主，将教育焦点局限在对人文知识结构和水平的提高上，具有形式单一、教育深度不够的缺陷。地方文化贴近学生的生活，是学生所熟悉的，因此其作为人文素质教育资源具有趣味性和可接受性，同时可以利用本土文化真实场景，转移教学场所，通过组织学生参加相关的文化实践活动活化人文素质教育方式，在丰富学生校园生活的同时提升人文素质教育的成效。第三，地方文化可以营造独具特色的校园人文氛围。将地方文化元素融入地方高校的校园环境建设中，打造独具本校大学精神和地方特色的校园实体人文景观，有助于学校师生从感官上体验地方文化的人文意蕴和魅力，营造独具特色的校园人文氛围。因此，优秀地方文化是高校人文素质教育的宝贵资源，将其融入地方高校人文素质教育中，既能满足人文素质教育向特色发展的现实需要，也能提高人文素质教育的质量，推动人文素质教育的纵深发展与可持续发展。

2. 人文素质教育是传承地方文化的重要平台

高等教育是优秀文化传承的重要载体和思想文化创新的重要源泉。[①] 随着文化的价值在国际竞争力和社会发展中的地位越来越突出，"文化传承创新"被提出并成为高校的四大职能之一。立足资源丰富的地方文化，地方高校作为地域发展的"智囊团和思想库"被赋予了传承、发展地方文化的责任和义务。地方高校的课堂教学、科学研究本身就是对文化的传承与创新，因此在人文素质教育中融入地方文化教育资源，实际上就是有效开展人文素质教育活动与传承发展优秀地方文化的双向互动。

一方面，要保护和挖掘地方文化。地方高校利用其科研平台，对地方文化进行挖掘、整理，开展地方文化的研究与交流，并将具有教育意义的优秀地方文化融入人文素质教育中。这是对地方文化生命力的延续，有助于推动地方文化的选择、批判与传承，从而服务于地方文化的建设。另一方面，要传播和创新地方文化。地方高校结合本区域的文化环境和经济、社会发展优势，调整课程体系，开展有鲜明地域特色的人文素质教育，将地方文化的人文意蕴和精神内涵传递给学生，提升学生对地方文化的认知度，扩大地方文化的影响力。反过来，在这一过程中，地方高校通过对地方文化的传播与研究，能培养具有丰富人文学养和文化底蕴的、能适应地方文化产业发展的人才，从而推动地方文化的创新与再生。

所以，在地方高校人文素质教育中融入地方文化教育资源，能为地方文化的传承与发展提供平台，能通过加大地方文化的研究力度，扩大地方文化内涵的传播范围，提升地方文化创新人才的培养质量，引领地方文化发展方向，推动优秀地方文化的发展与繁荣。

3. 地方文化具有独特的人文教育功能和价值

纵观高等教育的发展史，高等教育只有将科学教育与人文教育相融合，

---

① 胡锦涛. 在庆祝清华大学建校 100 周年大会上的讲话 [EB/OL]. （2011-04-24）[2021-11-12]. http://www.chinadaily.com.cn/dfpd/shizheng/2011/04/24/content_12383525.htm.

培养全面发展的人才，才能推动社会的发展，保证人类文明的健康发展。文辅相先生在考察人文教育与科学教育此消彼长的历史时，认为中国高等教育丧失了两次历史机遇。这两次机遇的丧失可以从当前我国与发达国家的差距中体现出来，它们也使得当前我国高校人文素质教育发展不全面、大学生人文素质偏弱的问题难以解决。而加强高校人文素质教育，离不开中国优秀传统文化的滋养。作为中国优秀传统文化的重要组成部分，地方文化浓缩了当地人的经验和智慧，蕴含丰厚的人文价值，可以作为得天独厚的教育资源运用在地方高校人文素质教育中，体现其独特的教育功能，影响学生思想、精神、人格和行为的塑造。基于地方文化中丰富的教育资源，可将地方文化的人文教育功能和价值归纳为以下三点。

第一，了解当地文化知识，培养学生的人文情怀和文化包容心态。地方高校将本地文化内容融入人文素质教育之中，学生通过课堂了解本地社会的民俗、艺术、历史等文化知识，并在实践活动中亲身感受本地文化的魅力，熟悉本地社会，积累人文知识，与他们学习生活环境密切相关的地方文化产生情感共鸣，从而培养其关心本地社会发展变化的人文情怀。而对于外省学生，通过课堂学习与实践体验，了解、接受并尊重新的文化形态、价值观念与生活习俗等，他们能在文化交融中提升认知能力，开阔文化视野，培养尊重文化多元性的包容心态。正如贺祖斌教授所说："在外省读书，要对当地的历史、文化、人物、风土人情等有所了解，这些虽不是要求必学的专业知识，但所养成的学习习惯对学生一辈子都有用。"[1]

第二，滋养深厚乡土情怀，培养学生的人文思想和爱国爱乡感情。学生在地方文化人文教育中，了解当地的自然地理风光、思想文化、文学艺术、民俗风物，这其中都蕴含着当地人对生活、对民族文化的热爱。这些富有特色的地方文化贯穿在学生的日常学习生活中，能让学生产生特殊的亲切感，激发学生对地方文化的兴趣和热情，增强学生爱家乡爱祖国的乡土感情，从而启迪学生展开"人与社会"的思考，引导他们建立完整的人文思想系统。例如，河南地区宗亲文化深厚，当地人信仰人文始祖、认同姓氏、重视宗亲

---

[1]贺祖斌. 思考大学 [M]. 北京：北京大学出版社，2015：110.

血脉，每年会举办拜祖大典、姓氏宗亲的寻根大会等盛大活动，这背后传递着对亲情的认同和对根脉的重视，这些都会对该地区学生包括外省来本地求学的学生产生影响，从而激发学生对家乡、对国家的归属感，滋养他们爱国爱乡的本土情怀。

第三，树立文化传承观念，培养学生的人文精神和社会责任意识。地方高校是我国高等教育体系的主体部分，其培养的专业人才会成为我国各条战线上的骨干，他们的人文精神底蕴和民族文化素养会影响我国文化建设的发展水平。将优秀地方文化资源融入地方高校人文素质教育中，发挥文化引领作用，完善地方高校人文素质教育教学体系，能让学生在了解优秀地方文化的过程中，受到地方文化精神的滋养和感染，积极追求真善美的人文精神和优秀传统文化的精神底蕴，从而提升文化自信心、民族自豪感和社会责任意识，将人文情怀、人文思想和人文精神外化于行，形成文化自觉，树立文化传承观念，塑造自觉继承和弘扬中华文化的良好风气，推动中华文化大发展大繁荣。

二、可行性

文化传承创新作为高校的基本职能，已引起广大高校的重视。地方高校要明确自身定位，承担所在地区文化传承创新的重要使命，彰显文化引领的优势和服务社会的责任意识。地方文化的独特教育功能和人文价值能作为高校人文素质教育的重要资源和文化支撑，因此高校可通过人文素质教育完成文化传承创新的使命。下面笔者从地方高校传承发展地方文化的政策指引、地方文化资源及其教育功能的现实条件、人文素质教育传承地方文化的有效路径三个层面论证地方高校人文素质教育传承和发展地方文化的可行性。

1. 地方高校传承发展地方文化的政策指引

1995 年以前，素质教育思想逐渐在我国高校教育中得到重视，部分高校自发地开始实施素质教育，各校教学内容和教学方式不同，总体上以加强学生人文知识储备为主。1995 年开始，加强大学生文化素质教育的试点工作开始在全国 52 所高校中进行，为全国高校素质教育的实施起到有力的示范和推动作用。1997 年，原国家教委（现教育部）对《普通高等学校本科专业目录》进行修订，努力在人才培养计划中贯彻素质教育思想。1998 年，教育部在第一次全国普通高等学校教学工作会议上制定了《关于加强大学生文化素质教育的若干意见》，专门针对我国高校开展文化素质教育进行了一系列部署工作。1999 年，《中共中央国务院关于深化教育改革全面推进素质教育的决定》颁发，这标志着我国高校的素质教育工作进入全面实施的阶段。之后，《国家中长期教育改革和发展规划纲要（2010—2020 年）》再次肯定素质教育的价值和方向。长期以来，我国高校的素质教育是以加强文化素质教育为突破口的，而文化素质教育又以人文素质教育为重点，因此人文素质教育一直被国家教育部门和高校所重视，也一直是高校素质教育的难点和重点。人文素质教育关系着我国人才全面发展培养目标的实现，在我国高等教育改革的进程中占据着重要的地位。

"建设文化强国""文化自信"时代课题的提出为人文素质教育带来了新的机遇。当代高校人文素质教育要充分发挥自身文化传承创新职能和文化育人的功能，将大学生人文素质的培育与承担建设文化强国、构筑文化自信的历史使命联系起来，加强对本土文化的传承与发展，培养实现中华民族伟大复兴的未来脊梁。[①] 文化强国的建设、文化自信的构筑要根植中华优秀传统文化深厚土壤，挖掘中华优秀传统文化价值内涵，激发文化自觉。为发挥高校文化传承创新的作用，提高中华优秀传统文化传承发展的质量和水平，教育部在 2018 年启动了全国中华优秀传统文化传承基地的建设工作，发布了《关于开展中华优秀传统文化传承基地建设的通知》"计划到 2020 年在全国范围内建设 100 个左右中华优秀传统文化传承基地，探索构建具有高校特色和特点的中华优秀传统文化传承发展体系"。其建设原则之一为"坚持特色发展，加强内涵建设"，立足地域传统文化特色，发挥高校自身资源优势，传承国家和地方非物质文化遗产，传承民族民间文化艺术、传统工艺和民族传统体育，形成特色传承项目品牌，以提高质

---

①吴小英. 大学人文素质教育新论 [M]. 杭州：浙江大学出版社，2012.

量为核心，在人才培养、科学研究、社会服务、文化传承创新及对外合作交流等方面有机互动和相互支撑，提高传承基地建设水平。该通知的下发强调了中华优秀传统文化的育人价值，也对高校传承发展中华优秀传统文化提出了要求。高校要充分发挥文化传承创新的优势和作用，提高传承发展的质量和水平，立足当地的地方文化优质资源，改善新时代高校在文化传承创新上的理念、形式和方法，在教育普及、保护传承、创新发展、传播交流等方面取得成果。同时，为构建更高水平的人才全面培养的教育体系，教育部在 2019 年发布了《教育部关于切实加强新时代高等学校美育工作的意见》，要求到 2022 年时高校学生审美和人文素养显著提升，并鼓励高校因地制宜开展特色活动，充分挖掘文化资源，发挥文化育人功能。①

一系列文件明确了素质教育包括人文素质教育在高校中的价值和地位，也为当代高校人文素质教育指明了方向。地方高校要适应新时代的要求，重视人文素质教育和文化育人价值，将优秀地方文化融入高校教育，提升学生综合素养，培养文化底蕴深厚、素质全面的人才，发挥高校文化传承创新的优势与作用，提高文化传承创新的质量和水平。

2. 地方文化资源及其教育功能的现实条件

中华民族在几千年的历史发展中积累并形成了优秀的文化传统，随着时代变迁和社会发展，积淀的历史文化仍具有丰富的现代意义与价值，对今天中国人的价值观念、生活方式等有着深刻的影响。同时，每代人都有责任和义务去传承、弘扬优秀的历史文化。地方高校也承担着文化传承与创新的责任和使命。地方高校立足地域优势，对优秀地方文化深入挖掘，凝练特色，将其融入人文素质教育中，既能弘扬优秀地方文化，又能提高人才培养质量，树立地方高校的特色文化品牌，让学生在优秀地方文化中受到熏陶。

---

①教育部. 教育部关于切实加强新时代高等学校美育工作的意见 [EB/OL]. （2019-04-02）[2021-11-12]. http://www.moe.gov.cn/srcsite/A17/moe_794/moe_624/201904/t20190411_377523.html.

3. 人文素质教育传承地方文化的有效路径

在地方高校的人文素质教育中，发挥优秀地方文化独特教育功能对培养学生综合素质的作用是不能被忽视的。在地方高校人文素质教育中融入优秀地方文化，有助于培养学生的人文情怀和文化包容心态，有助于滋养学生的乡土情怀和爱国爱乡的感情，从而培养学生服务本土、建设本土的社会责任感和使命感，引导学生树立文化传承观念，增强学生的国家认同感，从而提高高校的人才培养质量。为全面实现提升大学生人文素养的目的，各大高校经过多年探索，已总结出开展人文素质教育的有效方式，即课程、校园文化活动、校园环境建设。优秀地方文化可以此为载体，在地方高校人文素质教育中发挥其特有的育人功能。

（1）设置地方文化人文课程

人文课程是学生夯实人文知识的重要方式，也是高校开展人文素质教育的主渠道和最核心的内容。人文素质教育课程内容水平高低与否、课程方法是否充满活力，会影响学生人文视野的宽窄、人文能力的大小、人文学养的深浅。一方面，高水平的课程内容为学生带来的是人文科学研究的前沿成果和动态，学生可以接受优质的人文知识和丰富的人文智慧，形成深厚的人文学养，其还能引导学生形成均衡的知识结构，减少专业学习可能带来的知识、能力、思维上的局限。另一方面，充满活力的教学方法能激发学生的兴趣和创造力，引导学生将获得的人文知识内化于心、外化于行，提升学生的人文素养，培养学生对问题的独立判断和解决能力。

优秀的地方文化是具有浓厚地域特色的各类文化、观念形态的总体表征，因呈现于学生学习生活周围而被学生熟知，极具生活感和亲和力，能在一定程度上提高学生对相关人文知识的接受程度和兴趣。因此，地方高校应对具有人文教育特质的地方文化素材进行挖掘、整理，开发地方文化课程，以补充与丰富人文课程，提高人文课程的水平和质量。需要强调的是，对地方文化课程的开发不能只是简单地增设一门人文课程，而是要整合优质的地方文化资源，设定合理的课程目标，选择符合大学生特点和兴趣的内容与方式，还要与学生的专业学习相结合，以形成一个完整的课程体系。

（2）开展特色校园文化活动

校园文化是以教师为主导，以学生为主体，以校园为主要空间，以校园精神为主要特征，以课外文化活动为主要内容的群体文化。校园文化是课堂教学的补充和延伸，是培育学生人文素养的重要途径和重要环节，能满足素质教育将知识内化为能力的要求，让学生在参与各种形式的校园文化活动时，引导他们将专业知识与人文素质、创新精神、实践技能等相结合，使他们在实践中学会利用资源、创造价值，在潜移默化中进一步提升自己的人文素养，增强对自身全面发展的追求意识。

地方高校具有开发、利用地方文化资源的便利条件，将地方文化资源整合融入校园文化活动，可以通过主题讲座、主题校园活动、社团活动、社会实践活动等形式进行，以拓宽学生参与度，带领学生深入地方文化承载地，在增加人文素质教育灵动性和生活感的同时，使学生切身体验优良地方文化的现代意义，引导学生找到传承和创新地方文化的契合点，提升人文素质教育的成效。

（3）建设特色校园人文环境

建设特色校园人文环境是一项立意深远、长期深入的多方面、多层次的系统工作，具有陶冶人的情操、净化人的心灵的作用，能体现大学特有的气质和风貌，其最根本的目的就是寄情于环境之中，寓教于景物之中。校园合理的布局、各具特色的建筑，使人心旷神怡，有助于陶冶情操，塑造美好心灵，促进人的身心健康发展。地方高校以校园为物质载体，结合地方文化特色，在校园建设的规划布局、学校建筑、标志性广场等物质环境中有意识地吸收和融合地方文化元素，塑造具有地域特色和人文意蕴的校园环境，形成特有的文化精神和人文风格，能让学生从感官上感受地方文化的魅力，在潜移默化中受到地方文化深厚内涵的熏陶，激发学生的人文情怀，提升学生的人文素养。

第二章 高等教育融合地方文化的共同困境

第一节 理论创新不足

一、文化引领的自觉意识淡薄

大学的重要功能之一是引领文化。欧洲大学培养的，如但丁、哥白尼、伽利略、培根等就引领了欧洲的文化发展，也为文艺复兴及欧洲文化的繁荣和发展奠定了基础。

中国的近代史是一部唤醒文化自觉、探寻文化自信和争取文化自强的新文化发展史。北京大学等高校在这场新文化运动中发挥的重要作用，就是大学引领文化的最典型诠释。北京大学是五四运动的策源地，更是新文化运动的中心，李大钊、陈独秀、毛泽东等一批最早在中国传播马克思主义和民主思想的共产党主要创始人，以及鲁迅、胡适、钱玄同、刘半农等新文化运动的先驱和一批著名的进步学者，都曾在北大留下思索的身影和探寻的足迹。没有北大等近代大学的引领，中国新文化启蒙和文化近代化就要推迟。在中华民族那段艰苦卓绝的时期，西南联合大学始终坚持弘扬爱国、民主、科学的精神，刚毅果决、自强不息，为中国乃至世界的科学、文化和教育留下了宝贵的精神财富。大学引领文化的功能体现为继承并发扬优秀的传统文化，借鉴并传播先进的外来文化，创造并培育引领时代的新型文化。[①] 近年来，伴随中国区域经济发展的进程，区域文化建设缺失的乱象也引发了社会各界的高度关注，一些地区的区域文化建设存在着农村文化建设的缺位、城市文化建设的失调、农民工人文关怀的滞后和社会新生代信仰的迷失等诸多问题。这些问题的成因固然是多方面的，文化建设

---

① 赵沁平. 发挥大学第四功能作用 引领社会创新文化发展 [J]. 中国高等教育，2006（Z3）：9-11.

没能与飞速发展的经济建设同步亦是不争的事实。

例如，当开发文化旅游带动地方经济发展的思想成为地方政府的主导思想时，"保护非物质文化遗产"的口号便成为当地政府提高地方知名度、开发旅游、增加财政收入的手段。我们行走在所谓的"保护区""开发区""申遗区"时，有时会发现存在着地方政府"重申报、轻保护"的现象。比如：以保护遗产之名行开发旅游产品之实的现象；文化品牌的宣传工作轰轰烈烈，实际保护工作却难以落在实处的现象；打着"保护遗产"的口号，实际上为了商业目的篡改或编造历史，真文物损坏，假文物泛滥，甚至伪造"遗产"的现象。这些现象产生的根源应该是"经济自觉"，而不是真正的"文化自觉"。

再如，"名人故里"之争。此现象背后是"文化搭台，经济唱戏"。虽然这也是区域文化产业发展的必然结果，但是掀开"名人故里"之争的薄纱，却是急功近利的文化浮躁和饥不择食的经济焦虑。更有甚者，山东省阳谷县、临清市，安徽省黄山市，三地皆称是"西门庆故里"。一个文学虚构的大恶霸、大奸商，居然成为当今文化产业开发的文化名人，地方政府为地方经济的发展不顾社会道德的底线，可见一斑。

以文化促进经济的发展，大力发展文化产业是我国经济发展的新方向。但是历史名人只是一个文化概念，不能成为经济发展的垫脚石。2012年的两会期间，在全国政协举行的"深化文体改革，促进文化大发展大繁荣"记者会上，时任中国文联副主席的冯骥才说，"一个只为钱的民族是没有希望的，一个民族必须有精神"。但是这样的呼声太单薄、太微弱了，认真审视，在这场文化热潮中，罕见地方高校的身影；仔细聆听，在这场闹剧中，罕闻地方高校的声音。但是，这并不意味着地方高校在传统文化的学术研究方面的滞后或力量的匮乏，只是"风声雨声"不同于"读书之声"，一些地方高校对传统办学模式的突破的力量还不够强大，对地方高校弘扬地方传统文化的功能认识不够，对文化使命的自觉意识尚需提高。

大学教师与文化的天然联系，使大学教师必须承担文化选择和批判的使命。一个有使命感的地方高校教师不仅要研究地方传统文化，还要通过公共领域的文化选择和批判引领地方文化的建设和进步。但是，无论是本研究的三个案例还是在全国范围内考察地方高校的地方传统文化研究现状，不难发现，大学教师的地方传统文化研究日益专业化、学术化，其学术成果自然就和传统文化弘扬的普适性、引领性有一段距离。这就是文化唱戏闹剧中"高校文化失语"的一个重要原因。

赫尔穆特·施密特（Helmut Schmidt）曾说："应当在全球泛滥的伪文化的压力面前捍卫自己的文化特性，大学应该成为这方面的主要源泉……不能把本民族的伟大文化和价值继承抛进受忽略的角落。"[①]在经济全球化和文化多样化的今天，面对全球化时代文化同质化与异质化的矛盾和冲突，立足地方传统文化的丰沃土壤中的地方高校，其文化使命就是回答中国地方传统文化的来源、本质、特点及发展趋势等问题，重新解读地方传统文化的意义和民族特色的价值，在此基础上赋予它们时代的精神和内涵。"文化自觉"的主要着眼点就是恢复民族文化的记忆，在创新和弘扬中促进中华民族的伟大复兴。以思想去创造思想是大学出现的原始因素，也是大学教师学术角色的文化自觉的体现。从西方中世纪到今天，从孔子的"有教无类"到今天的北大、清华，大学教师的学术研究始终和人类的文明发展史紧密联系在一起，学术研究已成为大学教师的一项重要职能。将中国传统文化和地方传统文化纳入自己的学术研究视野，是大学教师更是地方高校教师的文化自觉和理应担当的学术使命。

西南联合大学在抗日战争极其艰苦的条件下，办出了中国近代高等教育的特色和巨大成功。其重要原因之一就是西南联合大学的教师一致认为，自己的责任就是唤醒民族的自尊心和自信心，他们的教学和研究始终围绕这一时代主题，并形成师生共同的话题和学习中心。这是西南联合大学成为中国教育史的奇葩的重要原因，也是中国知识分子自古及今核心信念的时代体现：为天地立心，为生民立命，为往圣继绝学，为万世开太平。

---

①赫尔穆特·施密特. 全球化与道德的重建 [M]. 柴方国，译. 北京：社会科学文献出版社，2001：62.

二、服务地方的理念滞后

大学首先是文化机构，其次才是教育机构。地方高校既是区域精神文化建设的标志品牌，又是区域文化建设的核心驱动力。19世纪中叶，由于社会经济的推动，英国、美国发动了一场具有里程碑意义的高等教育改革，核心就是面向区域经济发展需要，改变教学、科研模式，将社会服务作为大学的第三职能，使大学成为集教学、科研、服务功能于一身的综合体，这场变革使世界高等教育进入一个崭新的历史阶段。在这场变革中，英国的大学推广运动、新大学运动，美国的赠地学院运动和威斯康星思想具有典型的代表意义。

在世界高等教育改革的潮流之下，我国高等教育发展也呈现出多元化发展态势。尤其是改革开放以来，随着国家发展重心向经济发展转移，社会主义经济体制的确立，高等教育与社会的互动发展的迫切性增强。近年来的高校教育发展实践表明，地方高校把服务地方作为主要职能去开拓，是增强办学活力、获得生存基础、实现大学功能的保证。但从现实中大多数的地方高校，包括本书的案例中可以看出，高校服务社会的热情和信心可嘉，但仍没有走出旧有的办学模式，服务地方经济和文化发展的途径雷同、形式老套，而且多为简单的抢救式研究和一般推广式宣传，或者是极专业的学术研究，不具备普适性。总的来说，办学理念因袭传统的成分较大，对高校四大功能的认识还有待进一步强化。

高等教育活动本有的文化传播与交流功能的特点，第一点为深层次性。一般的文化传播途径所传播的文化，往往是一种表层文化。但是高等教育所传播的往往是价值观念、思维方式、审美情趣、学术思想理论等深层次文化。高等教育往往容易在交流与交融过程中激发新的文化价值观念，成为推动文化和社会变迁的根本动力。地方传统文化是中国民族文化的一部分，从某个角度讲，其鲜明的地域性决定了地方高校弘扬地方传统文化的方法和途径也是各具鲜明特点的。然而地方高校弘扬地方传统文化途径大多雷同，无外乎地方高校图书馆为地方文化建设提供文献资料支持，组织学生走上街头宣传地方传统文化，地方高校举办地方传统文化的学术研讨会，建设地方传统文化资源数据库。仔细梳理这些相似的现象，不难发现，这一切服务行为几乎都是在地方高校的"自家院里"（学术行为）进行的，或者是地方高校的"自说自话"（宣传活动），地方高校和地方政府、地方高校和地方大众、地方高校和地方企业部门等的互动相对较少。再看地方传统文化的研究成果，学术性大于普世认知、实效指导，关乎地方传统文化的可持续发展价值的研究几乎没有。

　　高等教育活动本有的文化传播与交流功能的特点，第二点为高选择性。通过高等教育进行的文化传播，是要经过过滤和筛选的。一方面根据社会需要、价值取向来选择，另一方面还要按照文化本身的价值做出选择。目前，大部分地方高校教师选择的科研课题，更多考虑的是专业性、学术性和职称评审的实用性，学生的知识接受和技能培养围绕的都是就业需要，对学校而言，学术影响和学术名人要重于学术成果的社会应用。地方传统文化研究中有些研究就是"应地方发展建设之急"，其成果缺少对不同文化的吸收、融合、调和的整合效应，没有在弘扬的同时进行具有新质文化特性的创造性研究，往往是用当代的社会发展概念去限制地方传统文化。比如，对韩愈的研究中的《论韩愈的和谐教育观与人才观》的论文，将今天的政治诉求强行的绑架到韩愈身上，而不是尊重历史、尊重传统的"文化本位"研究，使得传统文化研究变成了应景的文字游戏。

　　高等教育活动本有的文化传播与交流功能的特点，第三点为强系统性。这种系统性表现在两个方面，一是传播过程有较强的系统性。它不同于偶然的、个别的文化传播与交流，在教育的传播与交流中，传播者与被传播者之间建立的是一种经常的、系统的联系，进行的是稳定的、有次序的文化接触。这种传播所传播的信息一般来说具有较大的准确性，较小的歧义性，较高的保存性，较低的流失性。二是教育所传播的不是零碎的、片段的、无序的文化，而一般是系统的、完整的、有序的文化。正因如此，教育传播可以得到较好的文化吸收、融合的效果。[①] 比如，关于焦作的地方传统文化应该如何命名，

①王处辉. 高等教育社会学 [M]. 北京：高等教育出版社，2009：166.

目前有"山阳""怀庆""覃怀"等称名，焦作师范高等专科学校（以下简称焦作师专）联合河南理工大学的研究人员，经过长期的实地遗存考查和大量历史文献考证，提出了"涵盖性广，特色突出，语出有典，符合地方传统文化命名"的研究理念，主张以"覃怀"为名，然而这种研究只运用在焦作师专之内，地方政府和民众对此反应平平。从文化强国的背景看，一个古老而历史文化面目不甚清晰的城市，要想走文化强市的路子，"正名"是第一重要的。然而，焦作师专"覃怀文化"研究遭到的冷遇，恰好说明了上述理论，"地方传统文化的称名研究"是强系统性工程中的一个重要环节，单一的、零碎的、片段的、无序的研究必然遭受冷遇。

此外，零碎的、片段的、无序的服务地方文化的理念仍显滞后，必然导致服务功能的薄弱。

首先，地方高校面向区域发展的、以应用型人才为培养目标的学科专业设置、短期和专项培训机构匮乏或不具长效机制，如美国、日本等国家建立的一批面向区域经济发展的新型大学和专门机构。社区学院是美国的独创，不仅为美国高等教育的大众化和普及化做出了贡献，成为人们接受高等教育的主要途径，而且培养了一大批社区发展需要的技术人员。在世界高等教育改革的大背景下，我国高等教育也为此进行了积极的努力。2000 年开始，中央政府将高等职业学校及专科层次学校的设置审批权从教育部下放给省级人民政府，这对于因地制宜培养大量地方经济发展和文化建设所需的岗位型、技能型、操作型人才发挥了重要的作用。目前，我国一些地方高校办学定位游离地方高校发展目标或落实不到位。比如，学科专业设置上贪多求全攀比重点大学，人才培养盲目追求规模层次而忽略实用性，科学研究脱离实际单纯追求学术性和专业性，科研成果关注数量指标而忽视科技成果转化，积极拓展传统地方文化传播途径的能力偏弱，等等。

其次，产学研结合观念滞后。目前，还有一些地方高校的教师认为，工科科研成果是产学研舞台的主角，属于人文社科的地方传统文化研究，要走向产学研的社会服务，有着很大的局限性。一种思想或精神、哲学的传承要如何产业化？这就致使地方高校的地方传统文化研究止步于高校的围墙内，停留在学术讲座的传播途径上，进而使地方高校的传统文化研究和地方大众的文化生活诉求、地方政府的经济发展规划诉求间出现了间隔，地方高校弘扬优秀传统文化的力度减弱。地方高校传统文化的产学研专项研究和途径开拓，不仅应走出大学围墙，建立地方政府、企业、高校共建互动的机制，还要寻求联合体形式的多元化和多样化，如一所高校或是一个学院、系与地方企业共建，还可以是几个地方高校联合起来的跨区域共建。

长期以来，没有从培养高质量人才、建设高水平大学的角度认识高校的产学研活动，是地方高校和地方政府对产学研服务社会功能的又一个理论认识误区。高校教师以个人研究成果参与产学研合作形式居多，学生除了充当助手、杂役，几乎不参与产学研活动，而地方高校的核心使命就是为地方社会发展培养高水平、高质量的人才，为社会经济、文化发展提供源源不断的人力资本供给。地方高校在课程设置、学科建设、人才培养要求方面，本科和专科没有太明显的区别，教学型普通本科和研究型重点大学也没有太大的区别，这种办学模式的雷同，也是阻滞地方高校服务社会能力和成效提高的困境之一。地方高校只有不断更新服务社会的理念，紧密结合社会进步、地方经济发展、文化繁荣的需求，认真办学、服务，才能真正建成引领时代的高水平大学，才能用高品质的文化服务提升区域人民的生活质量。

最后，地方传统文化的学术研究，通常是为研究而研究，着眼于成果转化的主动创新性不够，因而地方高校为地方政府、企业、社区开展的文化建设咨询、服务，从项目到数量，再到质量，尚不尽如人意。在美国，学校的图书馆、体育馆等一切设施对社会全面开放，实行有偿服务；学校承担本州或本社区的社会调查任务，充当地方政府的参谋和助手，鼓励学生参加社区公共服务，以此作为增强学生公民意识和提高学生社会服务能力的基本途径。有关资料统计表明，在美国大学中有1/3的教师从事过各种咨询工作，大学生有一半参加过服务活动，90％的学生认为，参加社区服务活动对他们来说与课堂学习一样有意义或更有意义。

第二节　可行的实践操作缺乏

一、地方文化自信与创新建设不足

地方传统文化是在特定的历史条件下形成的，有其特定的经济、政治、文化和社会环境。随着时代的发展，一些地方传统文化已不适应社会发展的需要，逐渐淡出人们的视野，尽管它们以文物的形式存在，但弘扬起来已难以为人们所接受和喜爱，在地方政府那里也只不过是一个点缀。究其原因，就是地方传统文化的现代普世价值在地方高校的文化研究中因学术性不够而被忽视了。这种现象是多种因素造成的。

首先，地方高校的文化自信力不强。文化自信力的生成源于对民族传统文化当代价值的再认知，以及大学在民族文化创造和弘扬中的地位和作用的再认知。地方文化研究不能进入等级宣传平台，这不仅影响了地方传统文化研究的全社会认知宣传，也极大地挫伤了研究者的自信。地方院校与地方经济和社会联系更加紧密，所以在地方传统文化研究的应用性上也具有一定优势。但是地方政府出于"名牌"战略发展的需要，对地方高校的服务水平和能力缺乏信赖感，宁愿花高价去寻求重点高校的技术支持，舍近求远，也不愿意接受地方高校方便快捷、物美价廉的服务。长此以往，地方高校尤其是高职高专的教师和研究人员，就会另行选择，服务社会意识就会渐渐淡薄。

大学文化的发展史就是一部大学文化自信史，如果说民族优秀的传统文化是支撑大学文化自觉和自信的基石，那么地方优秀传统文化就是实现地方高校文化先进性和引领性的重要支柱。但是地方高校在地方传统文化研究意义认识方面确实和地方政府存在着认识的差异性。地方政府更多出于地方经济发展的需要，希望从地方高校的学术研究中获取更多的理论支持，这种获取是一种提前预设的结果诉求，而地方高校的地方传统文化研究则多是以文化本位的视角进行的。这之间的差异性，要么是地方高校做出"服务地方"

的让步，要么就是地方高校的地方传统文化研究被打入冷宫，束之高阁。

其次，地方高校对地方传统文化的继承性研究大于应用价值的创新。任何一种或区域的传统文化研究和弘扬观念，如果不加以创新，其消失是不可避免的。以焦作师专为例，南北朝时期流行在古怀庆地区的民间歌舞《踏谣娘》，作为中国古代戏剧发展里程碑的一个重要形式，在今天的焦作市，早已不为民众所知。焦作师专音乐学院的教师和覃怀文化研究所的成员对焦作地方民间戏剧的研究，仅仅停留在抢救的层面，至于系统化的学术研究和大众的普及推广，无从谈及，民间歌舞《踏谣娘》和焦作地方戏剧的艺术渊源研究尚无人顾及。这和焦作地方戏剧的价值认知和民间普及率密切相关。

人们面对一种文化，能不能加以认知和接纳，关键在于他的认知结构、思维方式、知识水平、审美情趣和价值取向等主体因素。同时，文化的传播和交流过程，不应该只是机械地照搬照抄，而应随时加入理解者本人的创造成分。

随着市场经济的日益成熟和走向完善，传统文化的价值观与市场经济效益原则的不协调也显露出来。更有甚者，传统文化中的一些基本观念如尚俭、尚同、集体主义、道德教化、无为而治等与市场经济下的基本观念如消费、个人主义、金钱崇拜，敢为人先的市场竞争等也是格格不入的。在市场经济下，地方高校弘扬地方传统文化，树立文化自信，构建传承和创新机制，以适应市场经济的需要，这是地方高校的文化使命。

二、可行的地方文化建设目标难以制定

文化地理学认为，文化的形成尽在自然。任何文化的形成都必须依附于一定的地理环境，在特定自然环境下形成的社会文化，深深地影响着当地居民的思维方式、群体价值及民风民俗等文化要素。这是该区域的特色标志，尽管不是形成特色文化的唯一标志，却是地方特色文化形成不可缺少的基本因素。地方高校必定置身于特定的地方文化氛围中，在自身的文化建设中不可避免地渗透着地方文化意识。美国人类学家指出："一个社会要想从以往的文化中完全解放出来是根本不可想象的，离开文化传统的基础而求变、求

新，其结果必然招致失败。"[①]地方高校要获得更高层次的可持续发展，就需要不断挖掘地方文化资源，与地方高校自身的文化元素有机整合，才能铸造属于自己的鲜明文化特性，焕发新的生命活力，形成独特的文化品牌。地方文化建设目标主要难以把握三个方面。

1. 难以形成长期目标与短期目标相结合的建设思路

办学特色是大学的生命力，高校特色文化是高校内有风格的体现。当前，各层次、各类型的高校都在寻找办学特色。地方高校迫于当前形势的需要"应时而动"，盲目地把地方传统文化植于办学特色中，将地方传统文化当作地方高校的特色文化，于是形成了地方高校特色文化等同于地方传统文化的情形。如果将高校特色文化和地方传统文化等同起来，不仅有"拉郎配"的感觉，更有"挂羊头卖狗肉"之嫌。在此情形之下，地方高校有建设自身特色文化的发展诉求，地方有依赖地方高校弘扬地方文化传统的发展需要，因此地方高校在弘扬地方传统文化的过程中，要想形成长期目标与短期目标相结合的建设思路，实在是需要认真考量论证的事情。

2. 难以形成整体目标与局部目标相协调的建设方案

地方高校是社会的文化教育组织，学术研究和文化创新是其根基，为地方培养优秀人才，为地方经济和文化建设发展服务是其职能所在。目前我国地方高校行政化权力泛滥现象严重，无论是行政事务的管理，还是学术事务的管理，行政权力都处于绝对中心地位，乃至学术组织成员，大都是学校行政部门的负责人，学术机构的负责人，也都由学校的行政领导兼任，学术权威成了行政权力的附庸。"学术委员会""教授委员会"等学术权威机构失去了其应有的作用，形同虚设。教师的主体地位难以保障、教师的学术潜力激发不力。诸如此类的问题的存在，相当不利于发挥地方高校教师的地方传统文化研究的积极性和创造性，也不利于地方高校的特色发展。

3. 难以形成宏观目标与微观目标相融合的建设规划

地方高校在传递文化、创造文化的同时，还对地方文化建设具有导向作

---

①董云川. 大学精神与制度创新再议 [J]. 高等工程教育研究，2004（03）：9-11，16.

用，并且在弘扬地方传统文化、促进地方文化建设的过程中能获得自身的一定动力，在与地方文化建设互生共荣的相互依存中逐步实现文化自强。因此，应将弘扬民族传统文化列入学校发展战略的重要目标，以此规划教育改革，站在时代最高点上做出教育改革的整体部署，为建设有中国特色的地方高等教育体系找到坚实的出发点。同时，地方高校每年都要培养数十万专业人才，他们将成为我国各条战线的骨干，体现整个民族的精神风貌和未来。地方高校要协调好这二者之间的关系，不仅需要放开眼光，勾画宏观蓝图，还需要俯下身来做微观的审慎抉择。加之组织和培养一批研究传统文化的专业学术队伍，课程设置、学科建设和教材开发研究等因素的渗入，制定宏观目标与微观目标相融合的建设规划，不是一件简单的工作。

三、地方文化建设的运行机制难以构建

高校是一个松散联结的学术机构，各部门、各学科都是文化建设的主体，但各部门、各学科之间各自为政，缺乏有机的联系，这为文化建设带来一定难题，使地方高校难以将地方传统文化渗透到各部门、各学科之中。地方高校难以在文化建设途径、文化建设方式、文化建设内容等方面形成系统规划和统筹安排，难以从自发状态转入自觉、有序的建设轨道。

产学研结合是地方高校服务社会的一个重要模式。这一模式的良性运转需要构建有序的运行机制。对目前地方高校的产学研成效进行考查发现，有些地方高校在服务社会时存在一些问题，最主要的是信息沟通的流畅性、及时性问题。这是导致互动程度不高，服务效果不理想的主要障碍。例如，高校教师在设立研究课题时，主要基于专业、学术的视角，缺乏对研究成果转化情况的了解，其研究成果未必是地方和企业所需的。目前，企业来校咨询、高校应邀参加企业的洽谈会是校企交流的主要方式，而学术成果真正实现转化的只是凤毛麟角。构建有序的运行机制需要地方高校和地方政府共同的自觉、自信。

四、地方文化建设动力难以凝聚

大学是文化批判的中心。批判是一种反思或扬弃，是创新的基础之一。它不仅包括否定的向度，也包括建构和完善，体现了理性主义的传统。当前，我国社会正处于一个急剧转型的时代，一切传统的价值和行为规范都需要借助理性进行反思，一切新生事物也同样需要经得起理性的考验。同时，随着知识经济时代的到来，创造和创新的时代主题得到了充分的彰显。创造的一个重要标志就是批判性，没有批判、没有反思、没有独立思考，就根本谈不上创造。批判功能是以创新素质为核心目标的大学教育获得成功的前提，也是大学发挥其他功能的基础，是大学的根本功能之一。[①]1998 年联合国教科文组织发表的《世界高等教育宣言》就强调大学应当独立而充分地就各种社会问题发表意见，"通过不断分析社会、经济、文化和政治趋势，增强批判功能和前瞻功能并成为预测、警报和预防的中心"。[②]进入 21 世纪，我国大学特别是在高等教育大众化、国际化，经济市场化、全球化等挑战和考验面前，大学文化对社会文化的批判品格正日渐式微。造成这种状况的外部原因主要是市场经济背景下经济因素对大学文化的限制。尤其在办学经费不足的情况下，大学建设不得不屈服于社会需求，像经营一个企业那样来经营教育。当大学文化不得不受制于市场经济时，大学文化对社会文化的批判品格就很难保障了。此外，随着高等教育国际化，西方文化对我国大学文化的办学理念、教育资源等各个方面的碰撞，有积极的促进，也会有一定的侵蚀。"国际化是一个错综复杂的过程，参与国际化的国家在发展水平、文化传统、高等教育基础等方面都各不相同，因而很有可能导致对高等教育发展落后的国家民族性的遮蔽。发达国家将自身的文化与教育模式推广到其他国家或地区，很容易造成该国家或地区高等教育的依附性发展与文化接受式的自我殖民倾向，在文化和精神等方面产生去民族

①陆有铨，潘艺林. 21 世纪的行动：增强大学的批判功能 [J]. 教育发展研究，1999（03）：35-37，40.

②赵中建. 21 世纪世界高等教育的展望及其行动框架：'98 世界高等教育大会概述 [J]. 上海高教研究，1998（12）：4-11.

化倾向，这对大学的危害将是致命的。"①

导致大学文化对社会文化批判品格式微的关键因素还在于内部。功利性追求会导致大学精神的失落和大学整体品质的下降。我国正处于经济转型期，市场力量介入大学，高校大众化发展过程中的矛盾也裹挟而来，大学发展一度陷入"功利主义"的误区，大学逐渐成为"教育消费"产品的生产者、职业技术的培训站。大学教育宗旨不再是人文关怀，即使在文学、历史、哲学等人文学科教育中，也存在着人文传统的知识化、课堂教育的世俗化，大学生理想信念模糊、政治信仰迷茫、价值取向扭曲、诚信观念淡薄、团结协作意识下降、社会责任感缺乏、心理素质欠佳的现象已不再个别。孔子谆谆教诲的"君子不器"却成为我们今天高等教育之不幸，大学生接受教育的目的仅仅为获得一张"文凭"，并由此换来一份工作。大学失去了"做人"教育的功能，大学自身发展和社会发展的可持续就是一个沉重的话题。目前，我国部分大学存在行政权力泛化的现象，教师教学与科研人员对学术的热忱不得不屈从于行政权力的安排，大学内部各种业务活动的价值评价取决于其对行政权力的顺应程度。大学中的教师和科研人员对许多学术事务和学术管理报以淡漠，势必会导致大学文化批判精神的弱化。

多元性是大学文化的本质特点，是大学文化魅力的基本元素，是大学文化可持续发展的生发源泉，更是有别于地方企业、行政部门的一个显著特色。但是地方高校一元化的行政管理，不利于教师独立人格之尊重，学术自由思想之形成。潘懋元教授认为，高等教育属于"第三部门"，不能用"第一部门"的管理制度来管理，也不能照搬"第二部门"的管理制度。"第一部门"指政府机关，"第二部门"指公司企业，它们各有特点，各有不同的管理方法。管理大学必须运用非政府、非企业的管理办法。

彰显大学文化对社会文化的批判品格，必须依靠勇于创新、勇于担当，具有反思批判精神的大学教师。哈佛大学教授杜维明博士认为，"教授们应该参与社会、参与政治，并且具备文化敏感性"。从管理层面，要尊重大学教师的主体地位；从地方政府层面，要尊重地方高校的文化批判品格；

①郭峰，孙士宏. 大学自我批判精神重塑 [J]. 教育研究，2008（03）：44-49.

从地方高校自身文化建设层面，要坚守文化品格，维护学术良知。只有多元的因素的有机整合，才能凝聚强劲的文化动力，这个局面的形成不是一蹴而就的。

第三节　配套政策不到位

一、地方高校办学经费保障不到位

随着高等教育大众化进程的不断推进和高校的不断扩招，地方高校的经费来源中的财政性经费的比例在不断下降，生均教育的经费的投入也停滞不前。地方高校的经费收入过度依赖学费是财政支持力度不足造成的，这又导致家庭的学费负担和学校的债务负担沉重。尽管我国加快推进高等教育成本分担机制改革，努力拓宽高等教育的经费渠道，但地方高校的经费保障始终是一大难题，远远不能满足发展的需要。

1. 总体经费投入远远不够

1998 年全国地方普通高校的经费总收入为 219 亿元，2007 年增加至 2 502 亿元。虽然从总体数据来看，地方普通高校经费收入的总量是增加了，但平均到每个学生身上，投入水平并未相应增加。1998 年到 2008 年期间，地方普通高校的年生均总经费从 11 200 元仅增至 13 850 元，年均增长率仅为 2.1 %。如果考虑通货膨胀、办学成本的刚性增长等因素，地方高校的经费投入水平不升反降。《国家中长期教育改革和发展规划纲要（2010—2020 年）》明确提出 2012 年财政性教育经费占国内生产总值的比例达到 4 % 的目标。但从目前来看，地方高校的经费依然严重不足，尤其是地方专科层次的学校。

2. 经费来源结构不合理

最近十多年来，在地方高校的经费收入中，财政性经费所占比例持续下降，非财政性经费所占比例不断增加，尤其是学杂费收入所占比例迅速加大，成为地方高校的主要经费渠道。1998 年到 2007 年，在地方高校经费收入中，财政性经费所占比例从 59.50 % 下降至 39.98 %，而学杂费收入所占比例从 17.89 % 上升至 41.43 %。一般认为，学杂费收入所占比例如果超过 25 %，就意味着个人（家庭）承担的教育成本偏高，会导致明显的不公平。因为个人分担成本的比例如果过高，而生均经费却没有相应增加，实际上是地方高校的大学生以较高的私人成本接受了相对较低质量的高等教育，所以学生、家庭、社会等各方面对地方高校的满意程度会不断下降。有学者明确指出，最近十多年来，我国高等教育规模扩展的主要经费支撑是学杂费，政府在高等教育大众化过程中没有充分履行财政投入责任。

3. 经费保障缺乏稳定性、可持续性

目前，国家对地方政府增加高等教育财政拨款没有明确的法定要求，从现状来看，各省普遍采用的是"定额＋专项补助"的拨款方式，其中的定额部分标准偏低，专项经费部分所占比例过高。由于专项经费容易受财政状况及政策制定者偏好的影响，其人为性、随意性比较大。近年来，随着地方高校规模不断扩张，与学生直接相关的管理、教学、科研、学生资助等方面的刚性支出越来越多，办学成本从总体上呈现出上升的趋势，但政府增加财政拨款的难度越来越大，从而导致地方高校办学经费保障的稳定性和可持续性比较弱，同时也加大了地方高校的财务风险。

4. 经费使用效益不高

经费使用效益不高首先体现在有些地方高校没有对学校发展做细致、长远、科学的规划，反而盲目追求办学规格的提升和办学规模的扩张，从而导致了学校建设用地浪费、校舍闲置等现象的产生；其次是地方高校的趋同性过强，普遍存在盲目攀比、目标趋同，盲目追求"大而全"和提高办学层次，不注重办学特色的凝练，忽视内涵建设等现象，从而导致许多地方高校在人才培养、课程建设、教学方法等方面的改革探索未能取得突破，办学质量不高，经费的使用效益难以体现。

以上问题已经严重影响了地方高校的可持续健康发展，如果不能很好地解决这些存在的问题，那么就会使地方高校的质量难以随规模扩张同步改善，更有甚者，会出现少数地方高校难以维持正常运转的困境。尤其是近年来，地方高校经费投入不足的问题进一步突出，以至于有人疾呼：地方高校面临破产危机。

"大河没水小河干"，可想而知，地方高校在经费如此紧张的情况下要保证学校的正常运转，必然会精打细算，保证学校利益的最大化，用好每一分钱，即要"好钢用到刀刃上"。文化的传承和引领的社会成效和对经济发展的促进是一个循序渐进的过程，而自然科学在经济转化和服务社会上的功能在短期内就能看到成效，这也使地方高校对自然科学的投入远远超过了对人文科学的投入，使地方高校对地方传统文化的弘扬不可避免地受到了客观条件的限制。

二、地方高校人事政策和人事制度不完善

高校人事政策是指政府部门为指导和控制高校人事管理活动而制定的方针和措施，也包括政府职能部门授权高校自主制定的人事管理办法和措施。高校人事制度指的是高校岗位设置、人员聘用、劳动付酬、考核评价、奖惩激励、培养培训等方面的政策体系和运行机制的统称。因地方高校大都是在专科院校基础上合并、扩充、升格而成的，有相当一部分设置在地级城市，随着我国高等教育地方化和大众化进程的推进、改革开放的不断深入及知识经济的发展，地方高校也不断发展壮大。地方高校立足本地，凝练特色，服务社会，推动了当地社会经济和文化的发展，同时得到了地方政府和社会各界的支持，最大限度地保证了地方高校的正常运转，但是在人事政策和人事制度上还有许多不完善的地方，导致地方高校在师资队伍建设上出现诸多问题，从而影响地方高校的文化研究人才队伍建设。

1. 地方高校师资队伍建设中普遍存在的问题

第一，人才队伍结构的失衡。在年龄结构上表现为年龄普遍偏大，特别是高级人才尤其突出，具有副教授、教授职称的教师一般年龄都在 40 岁以上。在学历结构上，新引进的高学历教师大多数是应届毕业生，缺乏实践经验，还有一些则是通过在职学历教育取得学历的年龄大一些的教师。地方高校的高职称和高水平的教师偏少，而且科研水平也普遍较低。第二，

高层次人才短缺，引进困难。地方高校受到办学历史、办学条件等方面的制约，很难在短时间内培养出具有一定社会知名度的学科带头人等高层次人才。同时由于财政、地理位置、待遇等多种因素的影响，地方高校在引进高层次人才方面面临诸多困难。第三，人才流失严重。一是制度性流失，高校和人才是双向选择的关系，在国家和地方政府政策允许的范围内可以自由流动，这样处于竞争不利地位的地方高校很难留住人才；二是平台性流失，地方高校受到现实客观因素的制约，难以提供更高、更大的支撑平台，影响了高层次人才的发展，这部分人可能会另寻出路；三是非理性流失，有些是纯粹的负面情绪所致，有些是个人生活实际困难不能及时解决所致，如孩子上学、住房安排、配偶工作的安排等，有些是利益冲突或与领导意见不一导致的心理落差过大，赌气离开，有些是事业心和责任感不强，缺乏稳定性，有些则是受"从众心理"的影响，看到和自己条件差不多的走了，自己留下来就不是人才。第四，学缘结构不合理，师资来源单一。一流大学广纳四海英才，学缘类别丰富。相比而言，地方高校则表现为学缘的本地化程度较高，优质学缘较差，来源于国内外知名高校的学缘比例偏小。第五，缺少高层次的学科领军人物。建设一批高质量学科需要一批高水平的学科带头人，高质量学科的发展对学科带头人队伍的稳定和壮大也有一定的积极作用，并能推动整个师资队伍的素质建设进程。优质学科和高层次学科带头人的贫瘠与匮乏，对地方高校高水平科研项目和重点学科的培养产生了严重影响。

2. 地方高校师资队伍中专门从事文化研究的师资匮乏

一是由于缺乏文化研究专业人才，二是因为受多种因素影响地方高校难以引进专业师资，三是因为有一部分教师固守科研工作和传统专业教学。即使是地方高校，尤其是师范院校的文化研究、文化产业与中文、经济、历史、艺术等专业的教师多多少少有些联系，并且经过一定的整合或培训能够满足科研及文化研究教学的要求，但是地方文化研究都只是被大部分教师作为兴趣，或者说研究这些只是评职称发论文的需要，他们不愿把自己的专业同文化研究方面相转换，所以地方高校从事文化研究的专业师资匮乏。

3. 地方高校文化人才引进困难

地方高校在人才引进方面重点引进高学历、高职称的博士、教授等人才是为了加快自身发展及缩小与综合性大学的差距，但是文化人才如果按这样的标准引进，实践操作起来困难重重。首先，文化研究方面的专业有限，高职称、高学历的人才非常稀少，地方高校常常难以引进；其次，民间和地方文化事业单位的一些人才虽然具有较强的文化产业管理、实践能力和文化研究能力，但是并不符合学校的人才引进的条件。

4. 人才引进政策僵化，政策不配套

"刚性引进"政策导向过强，"柔性引进"人才的责、权、利不统一。对于专门文化人才，在引进时可以不需要转人事关系，户口问题也可以暂且搁置，两个或两个以上单位可以同时聘用。有些地方高校达不到应有的收获就是由于没有建立健全"双聘"或"多聘"人才的管理办法，柔性引进人才的做法也只是为了装点门面的应时之举。

第三章 高等教育融合地方文化要处理好的几组关系

第一节 正确处理地方政府和地方高校的关系

一、地方政府和地方高校的理论关系

地方政府和地方高校是相互依赖的关系。在当今的知识经济时代，高等学校在经济发展和社会进步中的地位和作用越来越突出，高校也早已走出"象牙塔"，从社会的边缘走向了社会的中心，成为社会的重要组成部分。地方高校作为培养地方人才的摇篮，能够为当地各类机构输送大量优秀毕业生，从而提供人才保障。高校作为高级知识分子的聚集地，也能为地方经济和社会发展提供智力支持。高校科技成果和人文成果的转化，与企业的产学研结合也能促进当地经济、科技的进步，有助于地方社会的繁荣昌盛。另外，地方高校对地方文化的弘扬，对提高地方文化氛围和文化品位也能起到积极的作用，这使得地方发展对地方高校的依赖性越来越高。同时，地方高校为了自身的生存和有更好的发展，进一步增强自身的竞争力，在争取更多办学自主权的同时，也会要求地方政府给予强有力的政策支持，为其发展提供更多的必要条件，协调与其他社会机构的关系。所以说，随着地方高校的不断发展，其对地方政府的依赖程度也会越来越高。

地方政府和地方高校又是相互制约的关系。地方政府是地方高校的宏观管理者和地方高校财政的投资主体，在二者相互依赖程度逐渐扩大的同时，地方政府对地方高校的需求也在增加，这必然导致地方政府对地方高校的干预，也控制着高等教育的方向和规模等。同时，地方高校加强自身的发展，在某一时期或某一领域，也会制约地方政府的决策和行为。

二、地方政府和地方高校的现实问题

长期以来，我国地方政府多是扮演着全能型、管制型政府的角色。地方政府处于主导地位，对地方高等教育直接管制和干预的成分比较多，是地方高等教育的主要决策者。地方政府和地方高校表现为上下级的行政隶属关系，地方高校必须听从地方政府的领导。这样的管理方式在很大程度上阻碍和制约着地方高等教育的发展。

第一，地方政府身兼多重角色，既是举办者，又是管理者和办学者。三种角色合而为一的政府垄断模式必然会造成地方高等教育服务质量不高、主动性和竞争力缺乏、效益低下的局面。另外，地方政府对地方高校的行政管理直接干预，高校的具体运转、具体细节执行的角色过重，长期规划、宏观调控和监督评估的角色相对较弱，这种角色错位给地方政府带来了不利影响，也加重了地方政府的责任和负担。

第二，地方政府对地方高校的管理法制化程度不高。相关的高等教育立法中缺少对政府职能转变的强制性规定，从而导致地方政府在对地方高校的管理过程中权力随意收放，使其缺少法律的监督和制约，使得地方政府对地方高校管理的职能难以真正奏效。

第三，地方高校自主办学权难以真正落实。目前我国地方政府对地方高校的管理更多注重的是行政管理权，招生的规模、专业的开设、课程的设置、人事的任免等都由政府做出统一安排，地方高校始终不能走出被动、从属的境况。

第四，地方政府对地方高校的资金投入虽然在逐年增加，但投入总量依然不足且渠道单一。另外，地方政府对地方高校的投资存在着严重的政策性分配不公的情况，不同类别、不同地区的高校差别很大。除了这些，地方政府对高校的财政拨款方式也缺少科学论证的决策程序和拨款效益的评价机制。

第五，地方政府目前还不能有效准确地掌握社会对高等教育的需求信息，地方政府制定的相关政策性文件的实效性大打折扣，导致社会发展和高等教育发展的供需不平衡。另外，地方政府对大学生中弱势群体的资助制度也不尽完善。除此之外，教育中介机构的发展也比较缓慢，力量比较薄弱。

三、构建地方政府和地方高校之间的和谐关系

地方政府和地方高校在自身发展的同时，必须加强相互协作，实现良性互动，共同构建协同发展的和谐关系。第一，加强地方政府的服务性职能，建设服务性政府。地方政府要明确自身定位，打破原来集多重角色于一体的现象，不能垄断地方高校的合法权力，应该依法放权给高校，并为地方高校的发展创造良好的外部社会环境。第二，逐步完善地方政府管理地方高校的法律法规，依照《中华人民共和国高等教育法》建立与之配套的各项法规制度。同时要加强地方教育行政部门的制度化建设，提高管理人员的基本素质，使各项政策法规得以贯彻执行。第三，对教育权力进行科学合理的分配，做到大权集中、小权分散，变具体管理为宏观管理，真正落实高校的自主办学权。第四，积极拓展融资渠道。以地方政府投资为主，地方高校也要积极拓展非财政性教育经费渠道，如企业资助、校友捐赠、校企合作、科研成果转换等。同时要完善对弱势群体的资助制度，保证低收入家庭子女的入学机会。第五，建立健全地方政府和地方高校之间的教育中介机构。

总之，地方政府和地方高校要充分发挥自身的优势，互为发展支撑。首先，地方高校在办学上要准确定位，融合地方传统文化，突出其地方性，彰显办学特色；在科研上要立足于地方，对地方特有的资源进行研究和开发，真正为地方经济社会发展服务，从而实现地方高校和地方政府的双赢。其次，地方政府要发挥政策、管理、经济、规划的职能，为地方高校更好、更快地发展提供平台和支撑。同时，地方政府和地方高校要充分利用和整合各自的资源优势，互为教育文化支撑。第一，地方高校是各类高级人才聚集的地方，人才、科研、教育、文化是地方高校的资源优势，而地方政府有着社会管理的职能，掌控整个社会的各类资源，二者要统筹、整合好各自的教育资源，共同促进地方社会和教育事业的发展。第二，地方高校具有浓厚的文化底蕴，地方政府应利用地方高校传承和弘扬地方文化的优势，引领地方文化发展，

努力塑造文化型城市，提高城市文化品位。地方高校要充分发挥自身的文化功能，大力弘扬地方优秀传统文化，创新地方特色文化，为"文化强国"战略的实施做出自己的贡献。

第二节　正确处理地方传统文化与地方现代文化的关系

一、地方传统文化是地方现代文化发展的基础

每一种文化的产生都是对传统的继承与吸收，都是在已有的基础上不断积累、发展起来的。每一种文化与时俱进的发展都需要从悠久沉淀的传统文化中吸取本质性的思想资源。人作为文化的主体，其成长过程也离不开传统文化的熏陶。故而，地方现代文化的形成与发展也离不开传统文化。正如伽达默尔（Gadamer）所认识到的那样，无论人类是否了解传统文化，无论对自己所受熏陶的传统文化是否接受，人类始终都不能冲破传统文化对自身的束缚，也无法超越传统文化积淀下所形成的意识和观念。在人自我发展的不同阶段，传统文化都根深蒂固地影响着我们的思维，存在于人当下生存活动的方方面面。这就是说，不管人们对传统文化的态度如何，喜欢也好，反对也好，传统文化都存在于现实生活中，都是不以人们的意志为转移的。虽然我们现在的经济基础不再是传统的自然经济，但是文化是有沉淀性和延续性的。它与经济基础的发展具有不同步性，既可以超越经济基础超前发展，又可以滞后于经济基础，甚至它的生命力远远优于其依赖的经济基础，在经济基础不存在的情况下，它依旧可以持续发展。正如在几千年的社会发展过程中，虽然经济社会经历了不同的发展阶段，但与之发展不相适应的传统文化仍然具有顽强的生命力，依然受到社会的认可，这种生命力是任何事物都无法左右和阻挡的。

传统文化对任何一个民族来讲都是十分重要的。正如有的学者所说的那样，"传统是一个民族、一个社群延续、积累下来的经验和成果，没有传统

的民族是不可想象的，没有传统的文化是无法存在的"①。每一个民族文化的发展都存在着对传统文化改造的过程，都必须在更新自己文化传统的基础上才能实现。抛弃了传统，文化就无法发展。贺麟说："任何一种现代的新思想，如果与过去的文化完全没有关系，便犹如无源之水，无本之木，绝不能源远流长、根深蒂固。"② 现代文化发展不能脱离社会的文化背景和文化依托，必须在自己的民族传统文化的基础上进一步发展创新。

二、现代文化是传统文化的转型方向和目标

现代化建设的目标决定了现代文化的发展方向，现代化以其巨大成就成为人们纷纷追求和向往的目标。尽管现代化一开始就有着这样那样的批评，但人们还是纷纷选择了现代化。"正如历史的发展已表明的，自文艺复兴以来，现代化逐渐成为人类追求的理想目标。它不仅在西方成为主导性价值取向，而且经过西方文化的传播在全球范围内产生了深远的示范影响。尽管现代化从起步之日就存在对它的批判性意见，但与人类一往无前地走向现代化的迅猛势头相比，这种批评在相当长的时间里只是历史长河中的涓涓细流。"中国也是如此，自从西方的坚船利炮叩开了中国的大门，现代化就成为千千万万中国人毕生的奋斗目标。而要进行现代化，就必然要发展现代文化，传统文化就必须向现代文化转型。虽然传统文化仍存在于人们的现实生活中，但是传统毕竟是传统，是已经过去的东西，现代化建设决定了我们的传统文化必须向现代文化转型。

另外，在当前我们进行的现代化建设中，培育现代文化的观念至关重要。其一，世界现代化的历史进程已经表明，一个国家的现代化取决于其国民素质的现代化，即国民具备了能够建设现代化、推进现代化的现代观念，也就是说人的现代化是一个国家、社会现代化的关键。美国著名的现代化问题专家亚历克斯·英克尔斯（Alex Inkeles）曾深刻指出："痛切的教训使一些人开始体会和领悟到，那些完善的现代制度及伴随而来的指导大纲、管理守则，

---

① 贺照田. 殷海光学术文化随笔 [M]. 北京：中国青年出版社，2001：64.

② 贺麟. 文化与人生 [M]. 北京：商务印书馆，1988.

本身是一些空的躯壳。如果一个国家的人民缺乏一种能赋予这些现代制度以真实的生命力的广泛的现代心理基础，如果执行和运用着这些现代制度的人，自身还没有从心理、思想、态度和行为上都经历一个向现代化的转变的过程，失败和畸形发展的悲剧结局是不可避免的。再完美的现代制度和管理方式，再先进的技术工艺，也会在一群传统人的手中变成废纸一堆。"

其二，现代文化是一种有别于传统文化的生活方式，其直接外观是物质设施，但是物质设施仅仅是现代文化的一个外壳，支撑这个外壳的是文化层面的科学与民主，而科学与民主的前提便是主体性意识、理性化意识和社会性意识。只有具有这些意识，人们才能从事以控制、利用自然为目的的科学活动，而又只有通过理智的、分析性的逻辑方式，人们才可能有成效地从事这种活动，形成有体系的而不是零散的科学知识。至于民主，离开了每一个个体的独立的自主意识、理智的而不是情感的思考方式和对于各种社会关系必要性的意识，也是根本不可想象的。现代化作为社会的巨大变革，必须有现代思想、现代意识的伴随才能成功。一句话，要进行现代化建设，就必须培育现代文化。

三、社会主义现代化建设是传统文化和现代文化的契合点

传统文化与现代文化之间不存在绝对不可逾越的鸿沟，二者有很多相通的东西，传统文化中也有适应现代文化的因素，传统文化可以在某种程度上弥补现代文化的缺陷。一方面，现代文化的基础是市场经济，而市场经济崇尚的是效率和竞争，追求的是利益的最大化，这就容易带来过于偏重物质利益、见利忘义、不讲道德等不良倾向。尤其是在我国，由于社会主义市场经济还不成熟，还不完善，与之相适应的社会主义法律体系也不完善，一些不良现象有所抬头，这些现象影响着公平竞争、互助友爱、无私奉献等高尚的道德风尚，可以看作市场经济的负面效应，是市场本身所无法消除的，必须通过加强思想道德建设来逐步提高人民的道德素质，从而逐渐消除这些不良现象。而传统文化的核心精华就是可以提高人们的道德修养，因此在加强思想道德建设的过程中，可以充分借鉴传统文化，用传统文化的精华来弥补市

场经济文化的缺陷。另一方面，现代文化崇尚的是理性、充分地利用工具，最大限度地掠夺自然，这就必然造成人类与自然关系的紧张。这种紧张关系已经充分地显现出来，环境污染、资源能源短缺等问题已经开始制约人类的进一步发展。这也是现代化带来的一大弊端，而其自身是无法消除的。中国的传统文化可以提供解决这一难题的良药。传统文化的一大核心就是和谐，在人与人的关系上，力求做到人与人的之间的友善与团结，在人与自然的关系上，力求达到天人合一，也就是科学发展中的人与自然和谐、可持续发展。

传统文化不仅是悠久文明沉淀下来的宝藏，也是现实的重要组成部分；现代文化不仅是在现实文明的发展过程中形成的文化，也是未来要实现的文化。由此可以发现，传统文化与现代文化之间的桥梁就是现实。把抽象的"现实"具体化，其所指的就是我国的社会主义现代化建设。我们考察传统与现代文化的契合，不能离开社会主义现代化建设，否则那种脱离了现实的探讨，只能是空洞的、抽象的。社会主义现代化建设相当于指挥棒，发挥着指引性作用，为我们进行传统文化改造、创新指引了方向，也为我们在改造、创新传统文化过程中所遇到的各种情况提供了解决思路。

总之，在认识传统文化与现代文化的关系时，既要看到二者存在着矛盾和冲突，又要看到二者还具有相互契合的一面。既不夸大二者的冲突，又不忽视二者的联系，辩证地看待传统文化与现代文化的关系，这才是马克思主义的观点。

第三节　正确处理地方传统文化 与中国传统文化的关系

地方传统文化和中国传统文化的关系是复杂多样及互相影响的。首先是多元一体的关系。认识地方传统文化在悠久的中华文化长河中所处的历史阶段及其作用，不仅有利于更清晰地认识主流文化，而且有利于地方文化沿着中华主流文化的发展方向向前发展。其次是相互依赖的关系。没有地方文化就没有中国传统文化，二者是依存的关系。再次是互动发展的关系。二者相互促进，互为发展变化的动因。最后是整合创新的关系。地方传统文化和中国传统文化经过碰撞和融合出现新质文化，同时中国传统文化和地方传统文化的整合兼容又是普遍存在的。

一、地方传统文化是中国传统文化的重要组成部分

若从整体对中国传统文化的特征进行考察，就会发现中国的传统文化是以人伦关系为起点、以专制政体为载体、以地域环境为范围而形成的地方文化，也正是一个个不同的地方文化共同组成了中国传统文化。先秦时期的地方文化具有较强的独立性，直到秦汉大一统时期，文化才逐渐融合并形成整体。此时，地方文化在中华大文化的背景下显得独具个性，从而丰富了中国传统文化的多样性。谭其骧指出："把中国文化看成一种亘古不变且广被于全国的以儒学为核心的文化，而忽视了中国文化既有时代差异，又有其地区差异，这对于深刻理解中国文化当然极为不利。"中国是一个文明传统悠久深厚的国度，又是一个广土众民的国度，其文化的时代性演进和地域性展开均呈现婀娜多姿的状貌，因而切忌做简单化的描述与概括，各族人民的智慧创造了纷繁多姿的地方文化，共同构成了中华民族的灿烂文化。

二、弘扬地方传统文化要体现中国传统文化的精神

中国文化在其长期的发展历程中，逐渐形成了自己独特的精神，也就是中国传统文化的基本精神。它是中华民族特定价值系统、思维方式、社会心理、伦理观念及审美情趣等精神风貌的基本体现，其中的优秀成分，构成了中华民族精神，成为推动中华民族进步的不竭动力。各民族、各地区的地方传统文化，共同构成了中华文化。地方高校在弘扬地方传统文化的过程中，要体现中国优秀传统文化的基本精神。中华文化博大精深，很难精确地概括全貌，我们大致把中国传统文化的精神总结如下：其一，爱国主义精神。爱国主义是中国传统文化的一个永恒的主题，中华民族自古以来就形成了以公灭私、公而忘私、以民族利益和国家利益为重的伟大的爱国主义精神。其二，

自强不息。《周易》讲："天行健，君子以自强不息""天地之大德曰生"。这是对中华民族刚健有为、自强不息精神的集中概括和生动写照。其三，正道直行。由于传统文化特别是儒家文化的熏陶，中华民族崇尚气节、重视情操，培育了强烈的民族自尊心和刚正不阿的浩然正气。其四，贵和持中。看重和谐、坚持中道是渗透中华民族文化肌体每一个毛孔的精神。其五，民为邦本。儒家、道家、法家等都很重视以人为本，先秦诸子几乎都把民心向背看作政治兴败的根本。民为邦本在整个中国文化中有一个一以贯之的传统，突出了中国文化的人本主义特色。其六，求是务实。中国文化以人心和人生为关照，因而是面向现实、重视人生的。实事求是历来是中国人的认识原则和道德信条。其七，豁达乐观。乐观是积极进取、自强不息的人生态度，始终以乐观主义为基调，对真理的追求和对光明的向往，能使人们对未来充满希望。其八，以道制欲。在中国文化中，人是道德理性的人，而非生物学意义上的人。礼义廉耻是人人具备的是非之心，是主体意志的基本内容，个体的情感和欲望的满足要与社会的理性要求相统一。

第四节　正确处理地方传统文化与大学文化的关系

一、地方传统文化和大学文化的相互作用及影响

地方传统文化涵养和熏陶着大学文化。我们一般认为，大学文化分为物质文化、精神文化和制度文化。社会多元文化成分为大学文化的发展注入了新的活力，同时大学在与地方传统文化的交流和渗透中逐渐形成了自己独具特色的校园文化形态。素以文化殿堂著称的高校也是社会大环境中的一个子系统，这源于高校文化从始至终都受到地方文化的影响，也根植于地方优秀传统文化。高校师生员工在当地生活学习，潜移默化地会受到当地地方文化的影响和熏陶，这对于他们人生观、世界观、价值观的形成能产生"本土化"的作用。随着时代的发展和更新，地方文化也在不断地进步，而高校师生员工感受到的进步与变化主要也源于当地文化的气息，从而使地方文化与高校

文化在不断融合的过程中向前发展，最终高校的师生员工也就成为地方文化的创造者和弘扬者。也就是说，在高校与地方文化不断碰撞和融合的过程中，高校通过所在地方文化的变化与发展，能够紧跟时代发展的步伐，将传统性、时代性、独特性进行有效的展现。从地方传统文化角度来看，高校文化往往更具有前瞻性、国际性的色彩，高校所具有的先进文化思想也会为当地文化补充新鲜活力，辐射周边文化的先进性与科学性。最终形成相互促进、共同提升的良性循环发展。

二、在大学文化建设中体现地方传统文化特色

首先，在大学精神文化建设中体现地方文化特色。大学精神是高校在长期办学过程中所具有的文化积淀，也是高校共同认可的理念与追求。它是在时代、地域、文化共同影响下形成的具有稳定性、融合性的精神特色。地方高校在培育自身精神文化时，必须从优秀的地方文化中取其精华去其糟粕，并将地方传统文化中的精华与校园文化进行因地制宜的整合，从而体现高校文化的独特性。具体来说，高校文化的独特性需要所在地方的传统文化作为支撑，从地方传统文化中凝练出内涵，使高校精神文化体现出地方文化的色彩，具体展现在校风、校训和学校精神等方面。高校工作者将所形成的凝练地方传统特色的校园文化加以内化，并通过师生间的传递、继承，可以使其潜移默化地成为高校师生共同求索的价值取向。

其次，高校物质文化建设过程中也应体现地方文化特色。高校物质文化建设应从校园建筑、环境、设施等方面着手，它们最终都应形成具有文化内涵的物质成果。它们不同于社会其他物质成果，因为在这些物质中更多地体现了高校的精神文化，甚至能够体现一所高校的综合实力。社会主义新时代下的具有开放性的高校，应着重以校园物质文化建设为载体，同时吸收古今中外的优秀文化，并加以整合，历练出一种包容并肩的胸怀与魄力。在继承、吸收的基础上，还要起到一定的文化引领作用，做民族文化、时代文化的引领者和弄潮儿。同时，在校园景观建设与打造的过程中，也应注重对校园本身悠久文化的体现，以及对地方悠久传统文化的发扬。地方高校应充分结合

高校的办学历史及优秀文化成果，在地方传统文化的背景下打造独具特色的校园景观，这不仅有助于增加校园的文化内涵，也能为地方传统文化及校园悠久文明成果进行渲染和弘扬。

第五节　正确处理地方传统文化与地方高校课程文化的关系

一、地方高校课程文化是弘扬地方传统文化的有力工具

基于文化的定义来界定课程文化，一般认为其包括课程物质文化、课程制度文化和课程精神文化。① 有学者在文章中指出，课程文化主要指课程的精神文化。它具有两方面的内涵，其一为课程自身所蕴含的精神文化，其二是课程、研究中的课程思想、理念所蕴含的精神及情感。它们所蕴含的是追求真、善、美的文化，是感化心灵的文化，具有教育和文化的双重属性。地方高校课程文化又因大学课程所承载的内容的特殊性和所服务群体的特殊性被赋予了独有的特征和使命。

第一，课程文化的民族性。课程文化总是源于某一特定的地域，总会带着某种地方色彩，不同的民族文化氛围必然产生不同特点的课程文化。因为课程文化是历史积淀的产物，是深层民族文化精华的缩影，往往凝聚着代表民族传统特色的深厚文化底蕴。

第二，课程文化的传承性。文化的特殊性就在于它不能通过遗传的方式获得，而必须通过人类传递的方式继承下来。传承是文化得以延续和发展的根本条件。一位美国学者说过："可以万无一失地说，几乎所有文化百分之九十以上的内容都是来自传播。"② 课程就起源于文化传承的需要，没有传承文化的需要就不会有课程的产生。课程是人类文化传承的重要渠

①刘启迪. 课程文化: 涵义、价值取向与建设策略 [J]. 课程·教材·教法, 2005（10）: 21-27.

②郑金洲. 教育文化学 [M]. 北京: 人民教育出版社, 2000.

道，课程之所以能够存在，主要原因就在于课程是人类文化传承的重要工具和媒介之一。

第三，课程文化的工具性。课堂教学是传承传统文化的途径，因此课程在文化传承中具有工具性的色彩。可以说，正是课程文化工具性色彩的存在，才使文化得以传承与发展。学校基本的职能之一就是传承文化，课程在其中有着重要的作用，因此说课程文化所具备的重要特性就是工具性。

二、在弘扬民族精神中开发校本课程创新课程文化

民族精神是一个民族在历史的文化实践过程中内化在一个民族主体中的，经由历史凝聚而延传着的稳定的、特殊的精神气质或总体精神风貌。它是渗透到一个民族文化的多样性之中的主色调，是一个民族赖以生存和发展的精神支撑，也称"国魂"。中华民族在五千年发展中形成了以爱国主义为核心的民族精神。例如，自强不息、刚健有为，厚德载物、和而不同，崇德重义、修身为本，刻苦勤劳、艰苦奋斗等。我们要在课程实践中，以民族精神的创新带动校本课程的开发和课程文化的创新。国家高校课程需要校本课程和地方课程的补充和完善，只有将地方与校本课程融入高校整体课程，才能促进校园文化的传承与创新。高校应充分利用地方文化、校园文化资源，研发具有鲜明地域特色的校本课程，并通过讲座、选修课等形式进行宣传与教育。这不仅有利于高校学生更好地了解地方传统文化的起源与发展历程，而且有利于增强大学生的民族认同感，并且在大学生自我素质的发展方面，更好地提高大学生的文化鉴赏能力和人文素质。

第四章　高等教育文化与地方文化互动发展

第一节　确立地方高等教育的办学定位

地方高校如何理性认识自己，做到定位准确，实现可持续发展，是高等教育工作者面临的一个重要课题。地方高校的办学定位就是认识自己，摆正自己的位置，这是地方高校建设和发展的原点和起点。

一、地方高校办学定位的内涵

地方高校的"办学定位"是指地方高校基于自身的发展历史、文化传统、现有办学资源及办学环境等方面的理性认识，明晰职责职能，确立发展目标，明确服务面向，实现社会价值，从而进行系统的战略规划。办学定位决定着学校的办学指导思想、治校理念和发展策略，对学校的可持续发展等具有统领作用，学校的一切工作都要紧紧依循和紧密结合办学定位。

地方高校的"办学定位"这一概念包含三层含义：第一，地方高校要有自知之明，不能好高骛远，也就是既要明晰自己应该干什么，更要明晰自己能够干什么。地方高校应该明晰自己的能力限度，既要明晰地方高校的价值和使命，更要明晰地方高校的胜任力。第二，地方高校要有坚定的信念，不能妄自菲薄。地方高校在整个高等教育体系中具有特定的存在价值和巨大的发展潜能，只要定位准确，充分利用现有的教育资源，最大限度地挖掘自身的潜能，就能创设巨大的发展空间。第三，每一所地方高校都是独一无二的个体，每一所地方高校都有自己特有的位置，没有也不可能有重复的位置。地方高校理应认识到自身特有的价值，从而实现自身价值，真正成为一所有特色的地方高校。

二、地方高校办学定位的内容

办学定位是一所学校的顶层设计，是学校的行动指南。对于地方高校而言，确定合适的办学定位理应从三个层面考虑：一是所处的时代环境和地域经济社会的发展趋势；二是地方高校肩负的引领地域经济社会发展的历史责任；三是在对大学本质属性的理解和对高等教育发展规律依循的基础上，对自身办学资源和办学能力的理性认识。

1. 发展目标定位

地方高校在发展目标定位方面，一是需要融入自身所处的时代特征和地域经济社会的发展趋势，认清自身肩负的服务社会的责任。二是要明晰自己在发展过程中存在的优势与劣势。地方高校发展目标定位中最关键的要素，就是要对自己有正确的认识，对发展过程中存在的优势与劣势、机遇与威胁等要素进行系统分析，审时度势、谋深虑远，从而在时空的坐标系中精确把握所处位置和方向，为地方高校的可持续发展奠定坚实的基础。① 三是地方高校制定发展目标定位必须建立在自身的办学特色、办学质量和社会效益之上。这就要求地方高校全面评估、科学分析自身的教学、科研、师资等办学条件和办学资源，以及自身在地域经济社会乃至全国所处的位置。

2. 人才培养定位

地方高校作为国家高等教育体系的重要组成部分，必须具有科学的人才培养定位，否则会失去自身作为地方高校的特有存在价值，同时也会弱化自身在地域经济社会发展中的作用。确立地方高校的人才培养定位需要结合如下方面：一是地方高校的人才培养不能背离其地域性特点；二是地方高校的人才培养不能背离地方经济社会发展的需求；三是地方高校的人才培养要切合自身的办学实际。其中为地域经济社会发展培养具有创新精神和创业能力的创新创业型人才是地方高校人才培养的准确定位。

---

① 孟兆怀. 新建本科院校办学定位的理性思考：以四川文理学院为例 [J]. 四川文理学院学报，2011，21（03）：7-12.

3. 办学类型定位

潘懋元教授认为："在高等教育结构与体系研究中，如何划分高等学校类型，是一个世界性的难题，又是一个高等学校定位与发展不能不解决的问题。"[①]对办学类型的分类，较为权威的论述当属联合国教科文组织颁布的《国际教育标准分类法》。

我国对于高校分类有多种标准。按科研含量划分：研究型大学、教学研究型大学、教学型大学；按学科比例划分：单科性院校、多科性院校及综合性大学。政府对高校办学类型的分类通常以隶属关系为标准，纵向上分为部委属、省（区、市）属、地（市）属三个层次。地方高校确定正确的办学类型对自身明确发展方向、树立改革目标、制定科学合理的决策、提供有力的制度保障，甚至对促进整个国家高等教育事业的合理规划，都具有十分重要的意义。

4. 办学层次和规模定位

办学层次定位是高校根据自己的条件、能力和社会需要，对自己能够承担的办学任务复杂等级进行的理性选择。不同办学层次的高校在人才培养层次、学术贡献、社会服务等方面所发挥的功能和作用是完全不同的。高校办学层次定位的不同，决定了其培养对象和培养目标的不同，也决定了人才培养在时间和学制上的差异，最终将影响学校在校生的数量，影响学校的办学规模。

地方高校的办学层次以本科教育为主。这就要求地方高校遵循国家有关规定，明确今后建设和发展的主攻方向和目标，以教学为中心，坚定不移地提高教学质量。地方高校还应根据自身条件确定合理的办学规模，不应盲目追求生源数量，不求大求全，而应全面提高人才质量，建设人民满意的地方高校。

5. 服务面向定位

地方高校的服务面向定位直接或间接地影响着学校在人才培养规格、学科发展特色、社会合作关系等方面的选择，全方位地影响着地方高校的发展。

①潘懋元，吴玫. 高等学校分类与定位问题 [J]. 复旦教育论坛，2003（03）：5-9.

地方高校由于具有很强的地域性特点，在地域经济社会发展中具有十分重要的地位。这就对地方高校提出两方面的要求：一方面，要根据所在地域经济社会和地缘的特点，确定其服务范围是行业服务、地域服务还是面向全国的服务；另一方面，地方高校服务地域经济社会发展应与国家发展战略相统一。

6. 办学特色定位

地方高校的办学特色是指地方高校与其他学校相比较所表现出来的独特的办学内涵，是在学校总体办学定位下，为形成独具个性的风格所进行的一系列规划和设计。国内外的经验表明，地方高校能否办出特色，关键在于能否立足本地，做出正确的前瞻性分析和准确把握，开拓为地方经济和社会发展服务的空间。[①] 的确，地方高校的"根"在地方，发展的"魂"也在地方。地方高校真正融入地域经济社会并助推地域经济社会发展，成为地方高校办学取得成功的显著标志。因此，依托地域经济社会、服务地域经济社会而产生的地方高校，理应在确定办学特色定位时，深入了解所在地域经济社会的特点，并与自身的人才培养目标、学科建设、专业设置等要素相结合，实现特色发展，在服务地域经济社会发展过程中实现更崇高的价值，获得更高的尊严。

三、确立地方高校办学定位的现实意义

地方高校的办学定位是学校发展首要的"顶层设计"。地方高校的办学定位不同，其提升空间、发展水平及发展前景也就不同。确立地方高校办学定位，是实现地方高校文化与地方文化互动发展的先决条件。

1. 保持对地方高校发展的理性认识

剑桥大学荣誉社会科学博士艾利森·F. 理查德（Alison F. Richard）在中外大学校长论坛上谈到"世界大学排名"这一问题时讲道："我不认为可以轻易地对世界上的著名大学进行排序。经验告诉我，能够在世界范围内被认可为著名大学的高校都有一些共同的特点，但它们各不相同，它们明显、突

---

① 艾利森·F. 理查德. 著名大学是如何产生和可持续发展的 [J]. 中国大学教学，2004（10）：4-6.

出的个性，很难让人用一种普通的方式对它们排序，并可能使排序没有太大的意义。"①地方高校明显受到所处地域的政治、经济、文化等方面的影响，在具有高等教育共性特征的同时，更多地体现出自身特有的个性功能。确立地方高校的办学定位，能够对地方高校的发展做出清醒的认识，以宁静的心态，做到发展目标与科学态度相结合，认清所处的发展历史、发展阶段及发展环境，把握时代发展要求，明确服务对象，找准发展方向，使学校各项工作有条不紊地进行。

确立地方高校的办学定位，能够避免地方高校不顾自身发展实际和资源条件，盲目追求办学层次的"高大上"，从而为地方高校的可持续发展创造良好的环境。确立地方高校的办学定位，能够保持自身的相对独立性。地方高校作为高等教育机构，既具有大学所具有的价值追求和行为规范，也具有地方高校特有的地域特质。地方高校主要通过人才培养与地域经济社会进行沟通和衔接，地方高校的人才培养主要依循高等教育发展规律和人才成长规律，还要满足地域经济社会发展对人才的需求。地方高校作为有别于研究型大学和实用型职业学院的学术组织，坚持探究学术、应用学术、整合学术和教学学术，以其学术价值来批判和引领地域经济社会发展。

2. 促进地方高校的可持续发展

地方高校的办学定位决定着地方高校的性质、办学理念、培养目标、发展方向等，对学校领导的决策、大学的科研水平、大学师生的教与学及大学的可持续发展等都具有深远的影响。

确立地方高校的办学定位，能够坚持地方高校具有地域特质的育人责任、学术责任、社会服务责任和文化传承创新责任。育人责任即地方高校的人才培养目标应与地域经济社会对人才的需求相统一，培养具有创新精神和实践能力的、适应地域经济社会发展需求的高素质应用型人才；学术责任即地方高校的学术研究方向和学术研究内容既要"顶天"，更要"立地"，要与地域经济社会发展的现有办学条件、办学资源等相统一，真正实现产学研相结

---

① 黎大志. 地方高校与地方政府协同发展 [N/OL]. 光明日报，2004-09-23[2021-11-12]. https://www.gmw.cn/01gmrb/2004-09/23/content_105351.htm.

合，推进科研成果的转化；社会服务责任即为地域经济社会发展提供不竭的智力支持和人才支撑；文化传承创新责任即坚持以优质的地方文化滋润和营养大学文化，以优秀的大学文化引领地方文化发展。

确立地方高校的办学定位，能够为地方高校的可持续发展提供动力支持。每一所地方高校都有自己的理想和使命，这是地方高校可持续发展的动力源泉。地方高校明确办学定位，能够为地方高校发展指明方向，能够增强大学师生对大学的认同感和归属感，激发大学师生的积极性和创造性，能够形成大学的核心价值观，增强大学发展的凝聚力，进而营造大学发展的良好文化氛围。

明确地方高校的办学定位，能够促使地方高校在解决面临的各种挑战及自身发展所产生的各种问题时正确处理改革与发展的关系，保持自身的生机和活力；能够促进地方高校的育人、科研、社会服务、文化传承四大职能的协调发展，提高学校的办学水平和办学效益。

3. 回应地域经济社会对地方高校的诉求

确立地方高校的办学定位，不仅是地方高校自身发展的需要，也是回应地域经济社会发展的诉求。地方高校存在的一个重要理由乃是辐射、服务、引领地域经济社会发展。地方高校生存于地方，深受地域经济社会发展的制约，有着深刻的地方烙印。地方高校确立办学定位，必须做到对外部环境的深度分析，对内在需求的深刻把握，立足地域经济社会、依托地域经济社会、服务地域经济社会。

确立地方高校的办学定位，能够完成为地域经济社会发展培养应用型人才的根本任务，满足地域经济社会对人才的需求。根据地域经济社会发展的需求，培养具有创新精神和创业能力的应用型人才，才是地方高校的安身立命之本。

确立地方高校的办学定位，能够满足地域经济社会发展需求。地方高校通过积极推进项目合作，搭建科技成果转化平台，促进科技成果转化，不断提升服务水平。例如，学校结合专业、学科和人才优势，与相关地方企业、研究机构合作建设创新产业基地，将创造出的产品投入生产和应用，助推地域经济产业的转型升级。

确立地方高校的办学定位，能够服务、引领地方文化发展。地方高校是思想的发源地、文化的孕育地，地方高校独有的文化培育和传播功能对地方文化品位的提升和文化产品的创生具有推动作用。

4. 实现地方高校的特色发展

特色发展是地方高校实现自身价值和追求卓越的重要途径。确立地方高校的办学定位，不仅是遵循高等教育发展规律、认清地域经济社会发展的宏观环境的必然要求，也是立足学校办学的历史传统，是避免地方高校同质化的必然选择。

确立办学定位，能够彰显地域特色。人才培养和科学研究作为地方高校的本体性职能，是学科建设和服务社会的重要驱动力。地方高校通过分析地域经济社会和地方产业发展的特点，研究适应地域经济社会发展需要的科学技术，重点进行应用开发研究和技术转化研究，打造产学研紧密结合的科研创新团队，形成适合地域经济社会发展需要的人才培养体系和模式。地方高校的办学定位能够充分体现人才培养和科学研究地域化的特色。

确立办学定位，能够实现学科建设和专业设置的特色发展。学科是大学保持教学和知识创新的生命力之源。地方高校依据自身的办学条件和传统优势，建设一批适应地域经济社会发展需要的富有特色的学科，通过科学规划，非均衡配置教育资源，集中力量在特色学科建设上实现突破，带动学科和专业的发展。这不仅促使特色学科发展为地方高校办学定位的风向标，同时地方高校办学定位的确立也能够促进特色学科的建设和发展。

四、确立地方高校办学定位的路径

英国哲学家怀特海（Whitehead）认为："任何思想产生的出发点都是对事物的构成要素做分析性观察。"[①]地方高校的办学定位的确立要素主要包括五个方面，即办学历史、办学核心价值、办学目标、办学使命和共同愿景。

---

①阿尔弗雷德·诺思·怀特海. 过程与实在：宇宙论研究 [M]. 杨富斌，译. 北京：中国城市出版社，2003：6.

1. 从地方高校的办学历史积淀中生成办学定位

"过去的是历史，但历史永远不会过去。历史是今天与昨天无休止的对话。"地方高校的生存和发展总是基于原有的历史基础之上，英国教育家埃里克·阿什比（Eric Ashby，以下简称"阿什比"）认为："大学是继承西方文化的机构。它保存、传播和丰富了人类的文化。它像动物和植物一样地向前进化，所以任何类型的大学都是遗传与环境的产物。"①地方高校经过多年的发展探索，形成了自己独具特色的传统优势，这是地方高校生存和发展的宝贵资源。挖掘学校历史传统进行定位，能够使学校更加明确自身的目标、价值和追求。确立地方高校的定位，必须尊重历史，从学校的历史传统出发，充分挖掘历史传统资源进行合理定位，特别是对传统办学理念的继承和重塑。

2. 在认识地方高校的办学核心价值的基础上确立办学定位

地方高校办学定位的确立理应建立在认识其自身的核心价值的基础之上。地方高校的核心价值是确立办学定位的前提性要素。关于大学的核心价值，哈佛大学原校长凯瑟琳·德鲁·吉尔平·福斯特（Catharine Drew Gilpin Faust，以下简称"福斯特"）在其就职演说中讲道："一所大学的精神所在，是它要特别对历史和未来负责——而不完全或哪怕是主要对现在负责。大学关乎学问，影响终身的学问，将传统传承千年的学问，创造未来的学问。一所大学，既要回头看，也要向前看，其看的方法必须——也应该——与大众当下所关心的或是所要求的相对立。大学是要对永恒做出承诺。"②这是西方学者对大学存在的核心价值的解说。我国学者严飞认为："大学最重要的价值体现，并不是最后的那一张文凭，也不会仅仅只是累计了多少知识——四年的累计只是开始，反倒是思维模式、学习习惯

---

②阿什比. 科技发达时代的大学教育 [M]. 滕大春，滕大生，译. 北京：人民教育出版社，1983：7.

③德鲁·福斯特，郭英剑. 放飞我们的想象力：哈佛大学校长就职典礼演讲 [J]. 法制资讯，2008（Z1）：22-24.

的养成，以及热爱知识的态度，才会令我们终生受用。"① 这亦理应成为我国高等教育重要组成部分的地方高校的核心价值。但是，放眼当下，地方高校这一核心价值的缺失已成为不争的事实，正如哈佛大学教授哈瑞·R. 刘易斯（Harry R. Lewis）在其《失去灵魂的卓越》一书中所说："我们的大学越来越发挥着大众化、工具化的作用，而演变成了一门重要的'产业'：仅仅只是教授知识、发放文凭，而非启发学生的智慧、打造学生的灵魂。学生们可以在学业成绩上取得卓越，但他们的整体教育经验并不完整，往往缺乏远见视野，未能包容不同的见解，也未能成为能悲天悯人、具有责任意识的社会性公民。"②

3. 以地方高校的办学目标确立办学定位

办学目标可分为远景目标、中景目标和近景目标。地方高校理应坚持自己的办学远景目标，办学定位与办学远景目标要始终保持同步。通过解读世界高等教育的发展历史，我们不难发现，世界上诸多优秀大学的办学定位都聚焦在远景目标上，办学具体目标都聚焦在大学的服务对象和大学的组织功能上。比如斯坦福大学在不同的时代背景下，确立了不同的办学目标。在20世纪50年代，其确立的目标是"成为为加州富裕家庭服务的相当不错的私立大学"；到了20世纪80年代，因环境的变化将目标转变为"成为国内甚至国际上最优秀的为学生服务的美国六七所最好的大学之一"。③ 但学校的远景目标始终如一——"让自由之风劲吹"。从战略思维的视角，依据远景目标确立办学定位，能够使大学具有更强的组织生命力。大学一直被视为松散联合的学术组织，具有"目标模糊性"特点，正如伯顿·R. 克拉克（Burton R. Clark）所言："高等教育的任务既是知识密集型又是知识广博型的，因此很难陈述综合大学和学院的目标，更不用说一个国家的高等教育系统的目标

①严飞. 大学教育的价值在哪里 [EB/OL]. （2013-10-11）[2021-11-12]. https://www.fortunechina.com/column/c/2013-10/11/content_179260.htm.

②哈瑞·刘易斯. 失去灵魂的卓越：哈佛是如何忘记教育宗旨的 [M]. 侯定凯，译. 上海：华东师范大学出版社，2007：18.

③刘献君，周进. 大学核心理念：意义、内涵与建构 [J]. 教育研究，2012，33（11）：50-55.

了……学术和教育是为了自身的利益还是为了国家的利益？学校应该培养统治人才还是训练普通老百姓？应该满足学生的需要还是人力规划的需求，或两者都不是？"①这种模糊性能够将更多的操作目标包括在内。大学可以结合远景目标确立办学定位，地方高校亦应如此。

4. 与服务地域经济的办学使命的统一性

从大学使命维度确立办学定位，需要回答"大学使命"如何与"社会需求"相衔接的问题。地方高校办学定位的确立，既要保持作为大学所具有的品格，又要彰显地方高校服务地域经济社会发展的历史使命。

哈佛大学原校长德里克·博克（Derek Bok）在《走出象牙塔》中讲道："现代大学要从象牙塔中走出来，为国家的利益和社会的进步服务。这种大学使命的确定，促使大学必须直接介入社会并与社会保持一种密切的互动关系，更加关注自身应对社会负有的更大责任，通过改进大学内部的工作从而对社会发挥更大的作用。"②服务地域经济社会发展是地方高校的根本使命。但是，地方高校服务地域经济社会发展，并不是消极地顺应社会，社会需要什么，我们就提供什么，而是要在地域经济社会的发展过程中，发挥批判、监督、匡正和导向的作用。它必须不断地超越地域经济社会现实，必须保持作为高等教育应有的独立性和批判性，必须不断地孕育和产生引领地域经济社会发展的新思想。我们必须清醒地意识到，高等教育适应并服务于市场经济，决不等于高等教育商品化和市场化。联合国教科文组织在《21世纪的高等教育：展望和行动世界宣言》中指出："应当澄清这一方面的模糊与混淆：市场规律和竞争法则不适用于教育，包括高等教育。"③地方高校既要正视市场、适应市场，又要解剖市场、超越市场。

5. 与利益相关者的共同愿景相结合

①伯顿·R.克拉克. 高等教育系统：学术组织的跨国研究 [M]. 王承绪，徐辉，殷启平，等译. 杭州：杭州大学出版社，1994：22.

②德里克·博克. 走出象牙塔：现代大学的社会责任 [M]. 徐小洲，陈军，译. 杭州：浙江教育出版社，2001：23.

③王晓辉. 21世纪国际高等教育展望：98世界高教大会综述 [J]. 高教文摘，1999（04）.

　　地方高校的办学定位是地方高校利益相关者共同愿景、理想追求和利益表达的集中表现，传达着几代大学人对高等教育的理想追求和共同信念。共同愿景描绘的是对地方高校的美好向往，体现着大学人和利益相关者的内心追求，感召着他们的内心力量，激励着他们为实现组织的美好向往而尽心尽力。共同愿景推动着办学定位的认同和落实。

　　地方高校办学定位的确立，既是地方高校利益相关者参与决策的过程，又是地方高校自我发展及对地方高校的文化认同的过程，还是地方高校领导者、教育专家、社会力量、教师员工之间价值观念的沟通、融合的过程。地方高校最大的利益相关者是教师和学生，正如美国哈佛大学文理学院原院长亨利·罗索夫斯基（Henry Rosovsky）曾提出的："高校的利益相关者按其重要程度可分为四个群体层次，第一个层次就是教师、行政主管和学生，他们是大学最重要的群体。"① 也就是说，地方高校办学定位的确立，首要的是体现教师和学生这一群体的利益。

　　地方高校、政府和社会都是高等教育的利益相关者，也都应当是确立办学定位的主体。地方高校考虑的是自身发展和利益，注重的是教育的本质特征和内在规律；政府强调的是现实政治需要和国家整体要求；社会则突出市场短期、分散而多样的需求。确立办学定位的主体理应是地方高校。地方高校既要考虑高等教育发展规律，又要考虑国家需要和市场需求，主动确立办学定位；政府应该充分利用法律、政策、行政、评价等方式方法，引导地方高校科学定位；社会要发挥监督、参与、反馈等作用，推动地方高校确立科学的办学定位。

---

①亨利·罗索夫斯基. 美国校园文化：学生·教授·管理 [M]. 谢宗仙, 周灵芝, 马宝兰, 译. 济南：山东人民出版社, 1996：21.

第二节　明晰地方高等教育的发展理念

一、培养和促进学生发展的理念

1. 学生对学习的投入

大学生对学习的投入程度及"投身学习"的意愿和能力，决定了其学习的成效和教育的质量。1984年，美国高质量高等教育研究小组以"投身学习：发挥美国高等教育的潜力"为课题，并将"学生的学习和成长能够达到最大限度"作为"高质量"的诠释。"我们坚持认为，要是美国高等学校能够将关于提高质量的三个重要条件付诸实施的话，其本科教育的质量就会大大改善。这三个条件是：①学生投身学习；②严格要求；③评价和反馈。"报告认为，"学生投身学习"，即"大学生在学习过程中投入了多少时间、精力和努力"，也许是对改善本科教育而言"最重要的一条"。而其中"最宝贵的教育资源之一是学生的学习时间"。学生的时间是恒定的、有限的，教育者必须与大学生活中的其他力量博弈，争夺那有限的时间和精力。因为"质量这一概念，部分地与强度相关"。因此，正如我国高等教育学家龚放教授所认为的："衡量本科教育质量高低的标准应当着眼于学生的成长与发展……其中最关键、最重要的一条是学生'投身学习''参与学习'的意愿和行动，只有学生投入了、经历了、参与了、体验了，才是收获、才是绩效、才是质量，其余都是浮云！"①

2. 教师献身教育

学生是否"投身学习"与教师能否"献身教育"紧密相关。大学生做到"学而不厌"，离不开教师的"诲人不倦"，正如约翰•S.布鲁贝克所说："每

---

①龚放. 聚焦本科教育质量：重视"学生满意度"调查 [J]. 江苏高教，2012（01）：1-4.

一代大学生都是对教师才智的一个新挑战。"① 其实，又何止才智呢？每一代大学生都是对教师的学养、师德、才情与智慧的新挑战。学生对教育真谛的体验和感悟需要教师的启迪；学生对所学学科的兴趣需要教师的引导；学生对知识的学习、反思和批判及创新思维的形成，需要教师的激发。总之，学生的整个学习过程都需要教师的启发、诱导。

大学教师的"忠诚"问题，以及他们应该秉持的立场和职责问题，也就严肃地提到我们面前了。英国教育家阿什比不仅重申了教学作为一种"学术专业"的神圣性，而且十分郑重地宣告："学术专业如果仿照其他专业，也对它所服务的对象制定出服务的规章，大学教师就必须明确自己的脚后跟站在哪里。"②

卡内基教学促进基金会原主席欧内斯特·L. 博耶（Ernest L. Boyer，以下简称"博耶"）第一个提议，将教学作为大学教授学术工作的一个重要方面。博耶认为："知识分子的生活是与'探究的学术'（scholarship of discovery）联系在一起的，学术团体的每一个成员都应该显示他的研究能力，大学应该继续成为学术研究的中心。对于学术来讲，研究工作仅仅是开端。除了探究的学术，大学还应该把'整合的学术'（scholarship of integration）摆在重要的位置，只有把新的发展置于更大的背景时，它们才能显示其意义。对于研究工作来讲，真正重要的是知识之间的本质联系。我们还需要'应用的学术'（scholarship of application），需要寻求把研究的理论与生活的现实联系起来的方法。形成一种理论的最好方法就是应用这种理论。学术不仅意味着探究知识、整合知识和应用知识，而且意味着传播知识，我们把传播知识的学术称之为'教学的学术'（scholarship of teaching）。教学支撑着学术。没有教学的支撑，学术的发展将难以为继。"③

①约翰·S. 布鲁贝克. 高等教育哲学 [M]. 王承绪，郑继伟，张维平，等译. 杭州：浙江教育出版社，1987：95.

②欧内斯特·博耶. 美国大学教育：现状·经验·问题及对策 [M]. 复旦大学高等教育研究所，译. 上海：复旦大学出版社，1988：142.

③郭峰. 如何为教授治学创设良好的环境 [J]. 北京大学教育评论，2014，12（01）：183-186.

3. 大学应该为学生的学习服务

阿什比的研究认定："直到第一次世界大战时期，英国典型的大学教师还不是德国类型的以研究为中心的教授……正如马克·柏蒂森（Mark Pattison）所说，革新后的牛津学院教师的目标，是'造就一个人，不是撰写一本书'。"①培养学生是高等教育最初始、最基本，因而也是最重要的职能，是大学组织区别于其他社会组织的本质特征，因而应当成为大学的核心理念。

（1）明晰"以学生学习为本"的教学观念

明晰"以学生学习为本"的教学观念，理应把教学置于大学活动的首要位置。在办学实践中，要明确大学最直接的服务对象是学生，学科建设、科学研究等活动都应围绕学生的成人、成才进行。要在教学中突出学生的主体地位，把知识传授与健康人格的培养有机结合，视学生为发展的主体，把学生的成长成才与个性发展相融合，构建以学生为本的教学模式。此外，要明晰"以学生学习为本"的育人学科发展观，将学科建设与育人相融合。

明晰"以学生学习为本"的教学观念，理应致力于学生的发展需求。大学阶段的学生具有不同的发展内容、发展需求。因此，当学生进入大学接受高等教育时，大学要充分掌握学生在大学阶段的发展需求，了解大学生发展的实际状况，给大学生提供符合其身心发展特点的、因人而异的教育，推进大学生的健康发展。另外，大学生已具备了自主学习的可能性，引导学生学会学习，也是对"以学生为中心"的学生发展观的积极回应。由于当今社会的发展、知识的更新速度飞快，除了对大学生传授传统的学科知识，大学教育者还必须教会学生学习的方法，培养学生终身学习的习惯，为大学生提供适应不可预测的新环境的能力，使学生在好奇心的驱使下不断地探索学习新的知识。

（2）改革大学教师绩效考核制度

从整体上看，我国现行的高校教师考核制度过分看重结果，教师只需按时完成考核制度规定的授课量，达到科研数量和成果发表等级即可，至于教

①阿什比. 科技发达时代的大学教育 [M]. 滕大春，滕大生，译. 北京：人民教育出版社，1983：81.

学质量高低、师生关系好坏、学术成果是否有价值等均不在现有的绩效考核体系中。此外，教师聘任、职位晋升也偏重对教师科研能力的考察，轻视教师教学效果质量的评价，这在一定程度上破坏了科学研究与人才培养间的平衡，促使教师背弃以生为本的教学追求，选择学科忠诚。"绩效考评之所以有如此威力，除了因为与津贴等物质奖励有关以外，还与聘任和晋升制度有密切关系。也就是说，这些业绩考核的条件不满足，不仅影响当下的收益，而且长远来说更危及饭碗。"① 因此，改革大学教师的绩效考核制度，把"以学生为中心"的教学活动重新拉回舞台中央，是大学由学科忠诚向学生忠诚转移的制度保障。

（3）重塑大学教师的职业道德

教学向忠诚于学生回归，既依赖于制度方面的建设，也离不开大学教师职业道德的重塑。重塑大学教师的职业道德是大学教师回归"以学生为中心"的关键。具体来讲，一是大学教师要热爱教育事业，把教师作为自己的角色定位，发自内心地关注学生的学习、生活、价值观念及人生追求，循循善诱、诲人不倦。正如一位美国学者所倡导的："一个伟大的教师不仅要向学生传授知识，而且也要使学生有充实的内心世界，并鼓舞他们，在大学毕业很久以后也不会停止对学问的追求。"② 二是大学教师要以身作则，言行一致，用自己的言行获取学生的信任和尊重，成为学生的道德榜样。三是将教学拉入职业道德内容的中心，使教学成为大学教师的内在道德职业，以重塑"学生忠诚"的意愿。四是大学教师要通过自我修养、内省等办法增强对科研奖金、学术名誉、社会外界干扰等诱惑的抵制能力，正确处理科研与教学之间的关系。五是大学教师要通过渗透式的培养方式，积极促成自身职业道德的内化与行为养成，真正从内心认同教师这一职业，形成职业荣誉感。

（4）构建师生学术共同体

德国著名哲学家卡尔·西奥多·雅斯贝尔斯（Karl Theodor Jaspers）明

---

① 高益民. 也谈反思大学人事制度改革 [J]. 探索与争鸣，2003（12）：29-31.

② 欧内斯特·博耶. 美国大学教育：现状·经验·问题及对策 [M]. 复旦大学高等教育研究所，译. 上海：复旦大学出版社，1988：172.

确指出：“大学是一个由学者与学生组成的、致力于寻求真理之事业的共同体。”① 美国著名哲学家怀特海也曾提出：“大学既是教育的机构，也是学术研究的机构，它存在的根本原因是在‘富于想象’地探讨学问中把青年人和老年人联合起来。”② 也就是说，大学教师和学生是学术共同体的重要成员，学术是大学教师和学生共同的事业，学术共同体的构建理应把学生这一群体纳入其中。学者张继明强调，大学首先是一个学术共同体。他从中世纪大学的源起和现代大学的价值基础两个角度验证了大学的学术组织本性。显然，以学生为中心或服务于学生，都是在知识活动中展开的。③

一是广泛开展师生之间的对话，为建立师生学术共同体开辟有效途径。卡内基教学促进基金会原主席博耶认为：“为了确保学术之火不断燃烧，学术界必须持续不断地交流，不仅要在学者的同辈之间进行交流，而且要与教室里的未来学者进行交流。”④ 因此，构建师生学术共同体，进行面对面的对话不仅可使师生获得心灵上的真正沟通和交流，也可以促进对真理的发掘与探究。

二是把学生吸纳到教师的科研项目之中，实现师生学术共同体实质性的构建。“科学和学术的目标只有通过教师和学生双方的积极行动才能够最有效地得以实现，从长远来看，任何领域的学术和科学如果没有学生尽早的和积极的参与都不可能繁荣。”⑤ 学生通过亲历研究，不仅可以培养自己的探究能力、批判性思维和良好的科学素养，而且与教师共同探究可以增强师生间情感的联系，使学生获得课堂之外的教师关怀。在学术研究过程中，对于

①卡尔·雅斯贝尔斯. 大学之理念 [M]. 邱立波，译. 上海：上海人民出版社，2007：19.

②任钟印. 世界教育名著通览 [M]. 武汉：湖北教育出版社，1994：1160-1162.

③张继明. 学术本位视域中的大学章程研究 [M]. 济南：山东人民出版社，2015：35-47.

④欧内斯特·L.博耶. 关于美国教育改革的演讲 [M]. 涂艳国，方彤，译. 北京：教育科学出版社，2002：88.

⑤杰拉德·卡斯帕尔，李延成. 成功的研究密集型大学必备的四种特性 [J]. 国家高级教育行政学院学报，2002（05）：57-69.

学生的学术观点和学术见解，教师要允许、鼓励学生与自己有不同意见，以最大限度地激发他们的创新意识和创新精神。

三是重构师生学术共同体评价标准，这有利于推动师生学术共同体的构建。师生学术共同体的构建必须以尊重学术成员的兴趣和需要为前提，而非通过行政手段强加于人。"有创见的思想家和研究者并不是大学教授的唯一类型。他们向来是杰出人物，其影响通常也是最深远的。但即使是大学，是现代大学，也需要并使用不同类型的人——有的教师对学问的贡献作用有限，但善于激励学生，或善于将其他人的研究成果融会贯通。"①因而，师生学术共同体的评价理应凸显过程性评价与激励学术研究热情的发展性评价等方面。

二、服务地域经济社会发展的理念

服务地域发展理念是地方高校的核心办学理念。服务地域发展是地方高校的重要职能，也是其办学理念的集中体现。地方高校既是教育机构，也是文化组织，不仅是地域经济发展的驱动力，而且是地方文化的驱动力。对于地方高校而言，所谓的"服务地域发展理念"，主要指为地方的政治经济和社会文化发展提供人才服务、科研服务和其他社会服务，重点强调地域服务和现实服务。现实中，地方高校的服务理念仍然相对滞后，服务功能还很薄弱，大多数的地方高校仍没有走出原有的办学模式，专业结构、课程体系、教师素质倾向于理论化、雷同化，缺少地方特色，难合地方需求。因此，如何服务地域、促进地域发展成为地方高校一项重要而紧迫的任务。

地方高校要树立服务地域发展的理念，必须充分考虑国家对人才结构与布局的要求，地域经济社会和市场对人才的需求，以及地方高校自身的竞争优势和劣势，特别是所处的地理位置及当地经济和社会发展对人才的市场需求。只有根据地方高校自身所在的地区及地区所处的地位，根据地方高校的办学条件和现状，根据地方高校为地方社会发展和地域经济服务的需要，确

①亚伯拉罕·弗莱克斯纳. 现代大学论: 美英德大学研究 [M]. 徐辉, 陈晓菲, 译. 杭州: 浙江教育出版社, 2001: 5.

定学校的办学目标，方能办出地方高校的地域特色。① 地方高校要树立服务地域发展的理念，还必须面向人民大众的需要，面向地方高等教育大众化、普及化的需要，为地方经济建设和社会发展服务，为地方人民文化素质的提高服务，即立足地域，发挥自身在地方文化建设中的文化辐射和引领作用，从而提升地方文化的发展层次，规范地方文化的发展内涵，助推地方文化的发展效能，从而继承和弘扬地方文化，促进文化的创新，进而实现可持续发展，为地方经济和社会的发展服务。

在办学理念定位上，地方高校要重新审视自身的办学理念定位，从确立面向社会、服务地方的办学理念开始，紧密结合地方经济社会发展的需要，变传统的自我中心式办学为围绕地域经济社会发展需求而办学，变单一的为自我发展服务的功能为为地域经济社会发展服务的功能，进入服务地域的主渠道，使地方高校逐步从现代社会的边缘走进地方经济建设的中心，使其扮演好融入地方经济社会发展的角色，在服务社会的同时汲取地域的优势资源。在专业设置方面，要充分考虑当地的产业结构和发展模式，与当地政府和企业建立广泛的合作关系，承担相关的知识创新和技术研发任务，成为服务地域经济社会发展的主力，力争为当地建设发展提供有力的知识和技术支持。在人才培养方面，要全面考虑当地事业单位、企业等对人才的需求状况，有针对性、预见性地进行人才培养，根据地域经济社会发展状况及时调整专业结构、优化培养模式，以构建适合地方发展需要的模式与机制。例如，临沂大学坐落于拥有"现代商贸物流城"美誉的临沂市，它积极回应所属地域的需求，依托物流学院、现代物流研究所等平台，以及物流管理、电子商务等专业，与荣庆物流、立晨物流等企业合作，把高校的人才培养与企业用人需求相结合，实现了人才培养与就业的无缝对接，为临沂老区经济社会的发展提供了智力支撑。另外，要加强大学的学科建设和师资队伍建设，努力提高教学质量和办学效益，提高教师科研水平，坚持以地域精神办学和育人的光荣传统，办出特色，办出水平，积极为地

---

① 李俊夫. 服务区域经济和社会发展是地方大学办学宗旨 [J]. 嘉应学院学报，2007（02）：58-61.

域的经济发展及社会进步做出更大的贡献。

三、特色发展理念

特色发展，就是"有所为，有所不为"。斯坦福商学院教授吉姆·柯林斯（Jim Collins，以下简称"柯林斯"）在商业活动研究方面取得了非凡的成绩。在对 11 家公司的研究数据进行分析、比对后，柯林斯发现 11 家公司有一个共同点，那就是都实现了从二流企业到知名企业，以及从业绩情况良好到业绩非凡的转变。在探索这种转变的原因时，柯林斯和他的研究小组发现，这些企业的决策层所做的那些重要决定都不是要做什么，而是不做什么，也就是说这些企业都曾有所不为。随着高等教育改革的不断深入，面对高等教育激烈的竞争，地方高校与国家重点大学及省部所属重点院校相比，在师资、设备、科研条件等方面可能存在一定的差距。"地方高校路在何方？"成为每一位大学人必须认真思考和面对的现实问题。我们认为，地方高校应该探寻适合地方高校的办学策略，树立特色发展理念，走特色发展之路。所谓"特色发展理念"，是指地方高校在一定的办学过程中形成的独特的理性认识和理想追求，包括学科特色、办学思想特色、人才培养特色、科学研究特色和地方高校校园文化特色等。"有特色就有优势，有优势就有实力，有实力就有发展。这种发展产生于各种特色所形成的合力：目标的特色产生导向力；学科的特色产生生长力；模式的特色产生发展力；环境的特色产生吸引力；校长的特色产生感召力；教师的特色产生影响力；学生的特色产生竞争力。特色是力量之源，是发展的强大生命力。"[①] 大学只有各具特色，各发其音，高等教育事业才能奏出动人的乐章。《中国教育改革与发展纲要》指出，高等教育的发展要区别不同的地区、科类和学校，确定发展目标和重点，制定高等学校分类标准和相应的政策措施，使各类型的学校合理分工，在各自的层次上办出特色。关于大学如何实现特色发展，潘懋元先生认为："特色不是上面封的，不是专家定的，特色只能是你们自己搞出来的，从认识到行动自己搞出来的。特色必须是自己内在生发出来的，外在的不能代替

---

①黄伯云. 特色发展：大学办学之理念 [J]. 现代大学教育，2003（01）：3-6.

你定特色……每所学校能够生存，能够发展，能够出名，依靠的主要是特色，而不是大，因为大不等于强。山不在高，有仙则名；水不在深，有龙则灵。要成名，就要有特色。特色是很灵的，如果不这样，求大求全，往往很难做出特色。"[①]

对于地方高校来说，办学特色是生存与发展的必要条件和重要载体，也是提升地方高校核心竞争力并使其保持可持续发展的重要渠道。特色是地方高校在长期办学过程中积淀形成的、本校特有的、优于其他学校的独特优质风貌。地方高校的特色包括校风、校训、人才培养目标、专业设置、教学模式、教学评价等方面的内容。对于地方高校来说，没有特色的必然是缺乏竞争力的大学，彰显特色是确定发展定位的关键。随着高等教育大众化的到来，高校之间的竞争日益激烈，在同质化、趋同化不断凸显的时刻，地方高校更应以理性的态度，立足地域、寻求特色，在特色中求发展，扬长避短，彰显地方高校的个性和特色，真正做到"人无我有，人有我优，人优我精"。

首先，要了解地方经济和社会发展的需求，以及地方高校学科专业在当地的发展趋势，对该校的教育资源进行整合优化，形成自身的优势和特色。

其次，要立足自身的条件和优势，找准适合地方发展的学科专业。地方高校也必须在学科专业的发展、人才的培养目标和模式、文化理念、校风、校训、专业设置、教学模式、教学评价等方面培育特色。

因此，地方高校应进一步研究自身的特色发展理念，立足地域准确定位，通过转变观念、政府协调等充分发挥自身的特色和优势，把凸显特色作为大学发展的新的更高的目标。特色一旦形成，就会成为大学的一种宝贵的优势资源，变成一种隐性的课堂，潜移默化地影响大学人。

四、国际化理念

《国家中长期教育改革和发展规划纲要（2010—2020年）》明确提出：

---

① 潘懋元. 中国高等教育的定位、特色和质量 [J]. 中国大学教学，2005（12）：4-6.

扩大教育开放，加强国际交流与合作，引进优质教育资源，提高交流合作水平。高等教育国际化已成为全球发展不可逆转的趋势，并引起国内外学者的高度关注和广泛探讨，现代大学更是把教育国际化作为谋求自身跨越式发展的重要途径。可以说，国际化既是地方高校的办学方向，也是提升地方高校国际竞争力的主要方法和途径，它已经成为现代大学的一种生存方式。换言之，作为我国高等教育主体的地方高校，正在地方和地域发展中扮演着越来越重要的角色，其更应该在立足地方、服务地区的同时，面向世界，走向国际。

如何走向国际？拥有"国际化理念"是地方高校走向国际舞台的前提条件。因为没有任何一所大学生来就可以登上国际舞台，拥有国际性的美誉和实力。国际化理念正是一所学校围绕这一理念制定一系列的发展战略，进而成为指导办学实践的方向标。那么何谓"国际化理念"？简单地解释国际化理念，就是指地方高校把国际性融入本土，把本土性拓展成国际，两者不断地相互转化、相辅相成、相得益彰的一个教育活动过程。从地方高校的角度来讲，国际化理念就是大学结合自身所处的国际环境对自己的教育教学活动形成的一种国际化认识，进而采取的理性追求。

国际化理念的确立有助于人才培养。《国家中长期教育改革和发展规划纲要（2010—2020年）》提出，要"适应国家经济社会对外开放的要求，培养大批具有国际视野、通晓国际规则、能够参与国际事务和国际竞争的国际化人才"。在我国，地方高校数量占普通高校总数的93%，学生人数约占普通高校学生总数的85%。国际化人才的培养，必然少不了地方高校的参与。加之当前的国际交流与合作不再仅限于高尖端领域，需求层次的多样性也为地方高校提供了参与国际化人才培养的机会。因此，国际化理念的确立有助于地方高校国际性人才的培养。要想贯彻落实国际理解教育，地方高校需要做到以下三点。

第一，高度认同、理性分析并自觉践履我国主体文化。国际理解教育"是各国依然坚持本国的个性，互相尊重这种个性，站在全人类、全球的立场，以全人类的和平和全球的生命为目标，在所有领域作为地球村（国际社会）

的一员能够相互贡献、尽到本国责任的这种国民教育"①。国际理解教育绝
不是"西式教育",少数发达国家"在经济全球化的过程中大力推行西方的
价值观和生活方式,加强文化渗透……对我国传统文化造成巨大冲击,致使
我国大学文化自信力降低"②。"在国际化的潮流中漠视我们的文化传统和
实际情况,势必导致高等教育的依附性发展,其结果是我们永远也不能建设
成世界一流大学。"③ 因此,地方高校作为我国高等教育的主体,肩负着引
领地域经济社会文化发展的历史重任,越是中西方文化碰撞交融的时代,就
越有必要以开放的视野和理性的态度摒弃其糟粕,弘扬其精华,克服办学意
识相对封闭及资源配置相对薄弱的困难。唯其如此,才能真正有实力、有能
力参与国际竞争与合作。

第二,以宽容、尊重的态度加入与别国文化对话、共同行动的过程,促
使"每个人都能够通过对世界的进一步认识来了解自己和了解他人,将事实
上的相互依赖变成有意识的团结互助"④。在当今全球化浪潮下,任何一个
国家都不可能独立于日益紧密的相互依赖的关系之外,国家、民族之间需要
相互理解彼此的历史与文化,并吸取其精华为我所用。国际理解教育可以提
升师生开放、客观的国际视野,增强师生对本地域、本民族文化及世界文化
的理解力。

第三,"面对差异、认识差异、试图化解差异所可能导致的危险的教育"⑤。
"国际理解教育不是简单的世界知识教育,也不是对文化差异以及某种现实
存在的简单接受,而是通过对本国文化和他国文化异同的了解,达到情感的
转变及价值观的确立,进而将这些知识、情感等付诸实践。开展国际理解教

---

① 岸根卓郎. 我的教育论:真·善·美的三位一体化教育 [M]. 何鉴,译. 南京:
南京大学出版社,1999:47.

② 郭峰. 社会文化批判:大学文化不应缺失的品格 [J]. 山东社会科学,2010(01):
158-162.

③ 郭峰,孙士宏. 大学自我批判精神重塑 [J]. 教育研究,2008(03):44-49.

④ 联合国教科文组织. 教育——财富蕴藏其中 [M]. 联合国教科文组织总部中文科,
译. 北京:教育科学出版社,1996:34.

⑤ 范雷. 国际理解教育的障碍 [J]. 教育学报,2006(03):23-26.

育，理应相互认知和熟悉彼此的文化与价值观，继而建立彼此之间的情感，消除敌对与排斥情绪，进而取得共识、达成一致。国际理解教育的基础正是建立在不同国家、不同民族、不同种族、不同宗教背景、不同地域人群间文化或文明差异这个基础上的，实施国际理解教育必须认识到这种差异。"①

五、创新创业理念

国务院在《国务院关于大力推进大众创业万众创新若干政策措施的意见》中指出："推进大众创业、万众创新，是发展的动力之源，也是富民之道、公平之计、强国之策，对于推动经济结构调整、打造发展新引擎、增强发展新动力、走创新驱动发展道路具有重要意义，是稳增长、扩就业、激发亿万群众智慧和创造力，促进社会纵向流动、公平正义的重大举措。"推进大众创业、万众创新，关键在于人才，具有创新精神和创业能力的人才越来越成为推进"大众创业、万众创新"的驱动力。地方高校作为区域经济社会发展的动力站，理应确立创新创业理念，培养具有创新精神和创业能力的高素质的人才，为推进区域经济社会的"大众创业、万众创新"提供人才支持。

1. 创新创业理念的特征

（1）创造性。创造性是创新创业理念的最本质特征，揭示了创新教育与创业教育的内在联系，是这一理念的生命力的生动体现。创新创业理念致力于培养人才的创造性和探索未知的能力，为人才探索新事物、创造新产品、提出新特性提供了发展空间，成为创新创业事业持续发展的内在驱动力。创新创业理念承认了人的无限创造潜能，将市场竞争和团队合作意识巧妙地融于创新创业教育实践之中，以新颖、独特的视角审视了创新创业的内涵、特点和功能，实现了传统思维模式向新式思维模式的转变，为新事物、新思想和新产品的产生和发展开辟了新思路。

（2）实践性。理念要回归实践、指导实践，这是理念生命力之所在。创新创业理念归根结底要走向创新创业实践，走向社会发展实际需要。具备

①郭峰. 全球化时代大学国际理解教育策略构建 [J]. 教育研究，2012，33（04）：64-69.

实践能力的人才是提升经济社会发展活力、满足市场创新发展的保证。高校的人才培养定位，必须把理论与实践相结合并贯穿整个教育实践，让创新创业理念真正深入学校发展的各个层面，凸显实践性在人才培养中的重要地位，培养理论基础宽厚、实践能力突出的创新创业型人才。

（3）批判性。创新创业理念从理性和客观事实的角度出发，对传统教育思想加以识别、分析和评估，摒弃传统教育思想中压抑学生批判性思维发展的做法，注重学生主体性的激发和创造力的培养，进而营造主动探究、合作学习和善于思考的氛围，并将其贯穿于人才培养定位的全过程。树立创新创业理念有助于实现学校教育教学从"知识接受式"到"探索发现式"的实质性转变，进而培养学生的创新精神和创造能力。

（4）个性。创新创业理念反映的是经济社会发展对人才的诉求，是高校对其人才培养目标的追求，更是实现人的个性化发展的价值定位。"大众创业、万众创新"的一个显著特点就是重视创新人才的价值，倡导人才的个性化发展，这为创新创业理念内化为人的积极品质提供了空间。创新创业理念的出发点和落脚点是人，从个体差异性的角度讲，这一理念是针对独特个体的、能够对人的发展产生差异性影响的，这种定位必然使创新创业理念带有鲜明的个性特征，使其成为带有个人烙印的独特"基因"。这一理念是提升学生主体性和创造力的催化剂，有助于从学生的兴趣爱好、个体差异和情感意志等角度出发，培养出自由而个性发展的人才。

（5）特色性。每所大学自身所特有的历史、条件、文化和特色，是这所大学区别于其他社会组织的独特存在。创新创业理念从这所大学的历史积淀、办学条件、办学特色和文化传统等方面出发，深度发掘大学组织内部优质资源，并赋予这所大学更鲜明的特质。因此，创新创业理念拒绝趋同化发展，更在于彰显发展的特色性。创新创业理念与大学的育人内涵相得益彰，构成一所大学得以生存和发展的主线，可以有力地彰显大学的特色。

2. 确立创新创业理念的可循路径

我国高等教育学专家别敦荣教授认为："现代大学以现代科学的学科专业建设为基础，担负人才培养、科学研究和社会服务的职能，创新是现代大学有效地履行各项职能的动力之源。"①《中华人民共和国高等教育法》第五条明确指出："高等教育的任务是培养具有社会责任感、创新精神和实践能力的高级专门人才，发展科学技术文化，促进社会主义现代化建设。"因此，地方高校确立创新创业理念，开展创新创业教育，培养具备创新精神和创业能力的人才，并不是简单地应创业就业之景，也不是简单地增加创业就业相关的课程，而是要深刻认识和深入理解创新创业人才在国家发展和社会进步中扮演的重要角色，实现地方高校在地域经济社会发展中的责任担当。

（1）确立以学生个性发展为中心的教育观念

教育观念是教育发展的基石，影响着教育行为的选择。虽然当今地方高校的职能得到了很大拓展，但是地方高校的兴奋点却集中在发展重点学科、申请科研经费、争取科研奖励等方面，对育人活动的投入缺乏热情，忽视了高等教育的核心价值，即"以学生个性发展为中心"的育人观。

以学生个性发展为中心的教育观念，是对人的价值的充分肯定，是对"以人为本"教育内涵的具体阐释。以学生个性发展为中心，就是视学生为发展中的"人"，基于"人性"的理解，尊重其"个性"，发挥其"理性"，特别重视教育管理过程中的"人本原理"，顺应其上进心、求知欲、自尊心、创造欲，从身心健康和快乐中，最大限度地实现社会价值与个人价值的统一。转变教师中心观、重视学生非智力因素的作用、帮助学生树立正确的创新创业观、正确处理科学教育与人文教育的关系，应成为地方高校确立以学生个性发展为中心的教育观念的应有之义。

确立以学生个性发展为中心的教育观念，必须转变以教师为主导的教育观，坚持师生共同发展。传统教育观把教师看作教育教学过程的核心，教学计划和课程设置都围绕教师进行，这极易导致学生学习的主动性受挫，从而丧失学习热情，阻碍个性发展。地方高校理应转变以教师为主导的教育观，摒弃师道独尊观，在充分发挥教师作为"参与者""引导者"的作用的基础上，关注学生的发展诉求，实现师生的共同发展。地方高校可以通过构建师生共同体推动和谐师生关系建设，突出学生在教育过程中的主体地位，实现师生

---

① 别敦荣，胡颖. 论大学协同创新理念 [J]. 中国高教研究，2012（10）：4-8.

之间在人格上的平等和情感上的共鸣，实现教师角色的实质性转变。

确立以学生个性发展为中心的教育观念，必须转变以往偏重智力培养而轻视学生非智力因素的教育观。我们应该看到，当前仍有不少地方高校的教育更多关注学生智力的培养，忽视包括兴趣、意志、情感等非智力因素对学生发展的重要作用。地方高校应当认识到非智力因素对学生个性发展和创新精神培养的独特作用，在重视学生智力因素的同时，关注学生非智力因素的发展，做到二者相互促进、协调发展，把学生培养成具有独立个性和丰富创造力的人。

确立以学生个性发展为中心的教育观念，必须转变"学而优则仕"影响下的传统就业观，帮助学生树立正确的创新创业观。地方高校应该帮助学生树立正确的创新创业观，转变以往求稳定、偏保守的传统就业观，代之以勇于担当、抢抓机遇的精神，使其清醒地认识到地域经济社会发展对创新创业人才的需求，从地域经济社会发展的实际出发，不断优化自身知识结构和各项能力，为走向社会、胜任工作夯实基础。地方高校应注重培养学生的自立自强精神，提升学生创新创业的自信心，为学生的创新创业实践活动打好思想基础。

确立以学生个性发展为中心的教育观念，必须处理好科学教育与人文教育的关系，转变重"术"轻人文素养的教育观，培养全面发展的创新创业型人才。科学教育和人文教育的发展历程表明二者必将走向融合。科学教育和人文教育作为大学教育的两种不同价值取向，应该做到相得益彰、互促互进，共同推动人的个性发展。但现实情况是，很多地方高校在实际办学过程中偏重"术"的掌握而轻视了人文素养的养成，导致大学人文教育日渐式微，影响了大学人才培养的质量。因此，地方高校必须重视人文教育，重视人文精神和科学精神的交融，实现科学教育与人文教育的整合，培养兼具科学技术和人文素养的高素质人才。地方高校应该重视通识教育在促进科学教育与人文教育有机融合过程中的作用，不断优化通识教育，为学生的个性发展奠定坚实基础。

（2）加强创新创业课程体系建设

教育部印发的《教育部关于做好 2016 届全国普通高等学校毕业生就业创业工作的通知》明确指出："从 2016 年起所有高校都要设置创新创业教育课程，对全体学生开发开设创新创业教育必修课和选修课，纳入学分管理。对有创业意愿的学生，开设创业指导及实训类课程。"①可见，无论是政府还是高校，都已深刻意识到开展创新创业教育的紧迫性及其在建设创新型国家过程中所发挥的重要作用。创新创业课程体系建设已经成为新时期地方高校开展创新创业教育的一大举措。地方高校应该制定包含创新创业教育内容的教学计划和切实可行的创新创业教学方案，明确创新创业教育课程在提升人才培养质量中的重要作用，科学制定创新创业教育课程的培养目标、课程内容、实施方案和评价反馈等环节的要求，有针对性地开展特色课程建设。

在课程目标上，地方高校应该充分了解区域社会创新人才的发展现状，结合自身办学水平，不断丰富育人内涵，培养目标应当以人才市场为导向，增强课程的适应性。同时，要加强大学课程的国际化，做到与时代发展同步、与地域经济社会发展相适应。

在课程内容上，要进一步增加创新创业类课程的比例，按照学生的发展水平把创新创业课程分为创业启发类课程、能力提升类课程、行业认知类课程和实践模拟类课程，分别对应启蒙学生的创新意识和创业精神、培养学生的批判性思维和创新创业能力、了解行业发展环境和发展动态、模拟创新创业实践四个方面。此外，还应该在课程中增加案例教学部分，模拟创新创业情境，以此提高学生的创新创业能力。

在课程实施上，要坚持动态性原则，把握社会发展潮流，保持创新创业课程体系的动态发展。一方面，地方高校应该加强校本教材建设，将区域特色纳入创新创业课程，打造创新创业教育精品课程；另一方面，应该将创新创业教育与学校的专业化教育相结合，不断探索新的课程实施方式，为开展创新创业教育开辟新思路。课程实施应该把案例教学作为起点，深刻剖析案例蕴含的价值，进而深化学生对创新创业的认识。

---

①晋浩天. 课堂上能教会创新创业吗 [N]. 光明日报，2016-2-15（6）.

在课程评价上，要改变以往采用单一评价指标的做法，采用多元评价方式，避免忽视学校、教师、学生的个性发展的倾向。要确保教育专家、学校教师、家长、学生和其他群体都能参与评价过程，满足多元主体的评价需要，着重突出学生在教育教学评价中的地位和作用。

（3）加强"双师型"教师队伍建设

创新创业理念能否贯穿人才培养的全过程，取决于地方高校是否拥有一支素质高尚、理念先进、富有创造力的教师队伍。因此，加强"双师型"师资队伍建设，不断优化师资队伍结构，理应成为创新创业理念在地方高校确立和发展的根本途径。

"双师型"教师是一个极具职业特色的新概念，主要指"具备基本的教育和职业工作素质，精通特定专业工艺原理并具备专业实践能力，胜任教育和培训教育学习者任务的职业教育机构的教育者"[①]。地方高校建设"双师型"教师队伍，就要从教师的专业化发展、实践能力培养和教师队伍结构优化这几个方面入手。

关注教师专业化发展是建设"双师型"教师队伍的基础。教师专业发展的重点在于教师自身综合素质的提升。教师要从转变观念开始，把教师看作一个专门职业，提升对自身职业的认可度，同时要摒弃不合时代发展的思想，提高接受新知识的能力，丰富自身知识储备，实现自身对创新创业理念的认同，把创新创业元素纳入教学实践。教师要在教学实践中找准学生的兴趣点，激发学生的创新创业热情，为学生的全面发展提供足够的可能性空间，让课堂成为创新思维和创业精神迸发的园地。另外，地方高校应该发挥其在促进教师专业发展过程中的作用，不断加强教师队伍的进修和培训的力度，邀请创新创业类专家学者和成功企业家来学校开办讲座，丰富教师的学识，拓宽教师的眼界，进而实现学校教育工作与创新型人才培养的对接。

要坚持"走出去"和"引进来"相结合的人才战略，不断优化师资结构。针对当前很多教师缺乏管理经验和创业能力的现状，地方高校应该充分利用

①肖凤翔，张弛. "双师型"教师的内涵解读 [J]. 中国职业技术教育，2012（15）：69-74.

地域丰富的资源，为广大教师提供自我锻炼的机会，鼓励教师到相关领域的知名企业挂职锻炼，使教师能够了解该行业的发展趋势，把最新的创业理念带回学校、带进课堂，不断发掘蕴藏在学生身上的潜在创新性品质，探索创新创业型人才培养的新路径。同时，地方应该以多元渠道为载体，吸引一批高素质创新创业型人才来充实师资队伍，保持师资队伍的稳定性和创造力。另外，要加大"双师型"教师的培养力度，做到专兼结合，提升教师的理论水平与实践能力，打造一支创新创业师资力量雄厚的教师队伍。

（4）创新管理体制和运行机制

"培养高素质的适应经济建设和社会发展的人才是高等教育的根本任务，而完备的管理体制和运行机制是完成这一任务的根本保障。"[①]地方高校应该看到创新管理体制在地方高校人才培养过程中发挥的约束、激励和导向作用，把管理体制和运行机制创新作为提升其办学活力和办学质量的关键。

创新管理体制是地方高校建立现代大学制度的应有之义。地方高校应依据《高等学校章程》，制定创新创业相关规章，为地方高校开展创新创业教育提供制度保障。针对当前地方高校创新创业教育存在的管理混乱、权责不明的情况，地方高校应依托国家政策和人才优势，成立创新创业学院，明确创新创业学院的职责范围，做到各职能部门权责分明、理念一致，走内涵发展的特色创新创业路径，实现资源合理配置。此外，应在创新创业学院下设置管理办公室，专门负责落实创新创业教育工作部署，实现创新创业学院在人才培养、教师聘任和考核评价上的自主化。当前地方高校管理体制过于强调权力集中，导致二级学院普遍缺乏办学自主权，地方高校应该适当简政放权，把一部分权力下放给学院，提升学院在管理工作上的主动性，为其发展创造更大的可能性空间。另外，地方大学应进一步深化管理体制改革，理顺科学研究、教育教学、成果转化三者的关系，为创新创业人才的培养提供制度保障。

除创新管理体制外，地方高校应该积极构建包括参与式管理机制、创新

①张慧云. 论高校管理体制和运行机制的现状 [J]. 佳木斯大学社会科学学报，2008（04）：78-80.

创业平台机制和考核评价机制在内的一系列保证学校正常运行的机制，使学校的各项工作有条不紊地进行。

（5）营造校园创新创业文化

作为大学文化的组成部分，校园创新创业文化在创新创业人才培养过程中发挥着独特的作用，为教师乐教、学生乐学创造了空间，使校园成为一方育人净土。因此，地方高校要扎根区域发展实际，结合自身办学特色，将校园的物质文化、精神文化、制度文化、行为文化这四个层面作为落脚点，着力培育特色鲜明的大学创业文化。

在校园物质文化建设方面，地方高校应保证包括教学楼和宿舍在内的校园建筑的设计要体现创新理念，凸显校园建筑的魅力，使其成为彰显学校个性化的标杆和学生创新创业激情的摇篮。地方高校还应加强实验室和实训基地等设施的建设力度，为实践教学提供资源保障。此外，图书馆作为校园物质文化建设的重点，应该发挥其独特的育人功能，加大创新创业类专业书籍的引进力度，为广大师生接触最新的创新创业教育资源提供渠道。

在校园精神文化建设方面，"应通过大学文化的张扬、大学精神的塑造和优良校风、教风、学风的营造，在公众中树立起强大的公信力"[①]。地方高校应该充分利用校园广播、宣传专栏、校报和网站等途径，宣传创新创业知识，营造创新创业文化氛围，让创新创业理念深入人心。此外，地方高校要有针对性地开展创新创业专题讲座，邀请创新创业典型人物现身说法，借助媒体优势，宣传他们的创新创业事迹，在校园中形成一种"敢于创业、不怕失败"的心理氛围，在潜移默化的过程中培养学生锐意进取的创新创业精神，发挥其应有的导向、激励和辐射作用，实现校园精神文化的育人功能。

在校园制度文化建设方面，地方高校应该加强校园创新创业信息服务网络建设，及时更新包括创新创业政策、创业项目等在内的一系列创新创业信息，确保学生能够掌握创新创业领域的前沿信息和发展动态。地方高校还应加强对大学生创新创业的引导，成立大学生创新创业指导中心，结

①郭峰，韩延明. 从制度环境的视角探高校自主办学的路径 [J]. 大学教育科学，2015（06）：4-10.

合学校发展实际，制定切实可行的创新创业扶持政策，健全创新创业基金体系，为学生的创新创业活动提供制度和资金保证，发挥其在创新创业教育上的引导作用。

在校园行为文化建设方面，地方高校应该坚持"内外并重"的策略，保证学校内部创新创业大赛和学校外部包括国家、省市级创新创业项目的协同性。地方高校可以开展创新创业大赛，鼓励学生积极参与活动，通过参与提升学生的创新意识和实践能力。地方高校应发挥其校内与校外创新创业实践的纽带作用，有计划地组织学院、学校及个人和团体申报创新创业项目，同时加大学校参与国家和省市级创新创业项目的力度，从而实现内外结合、协调发展的目标。此外，地方高校应实现创业园区和创新创业类社团的长效互动，举办包括创新创业论坛在内的一系列活动，为大学生提供相互交流和学习的机会，增强大学生创新创业的自信心。

第三节　地方高等教育文化引领地方文化发展

作为保存、传承、传播和创造先进文化的重要场所，地方高校以其特有的文化品格，推动着地方文化的重构，是地方文化的标志，对地方文化建设有强有力的导向、激励、辐射和引领作用，相应地能够促进地方文化品位的提升，对地域经济社会的发展发挥着越来越重要的文化引领作用。

一、发挥优势服务地域经济社会发展

地方高校作为特定地域经济社会发展的"动力站""智囊库"，在引领地方文化发展方面，具有得天独厚的人才、资源及地理位置优势。地方高校可通过人才培养、资源共享等措施，实现对地方文化的引领发展。

1. 通过设置特色专业培养专门人才

地域经济社会的特色文化已自成体系，有的甚至已经成为一种职业，具备发展成为地方高校的专业的基本条件。地方高校可以通过发展这些特色专业来培养专门人才，引领地域特色文化的发展。这些具有地方文化特色的人才既是地方文化的继承者和弘扬者，又是地方文化的推动者和创新者，他们理应承担起地方文化发展的引领使命。比如，临沂大学地处我国"书圣"王羲之、书法"亚圣"颜真卿的故乡，有着悠久的书法发展历史和浓郁的书法文化积淀，临沂大学以此为依托，设置书法专业，为传承和创新我国传统书法文化发挥了重要作用。又如，云南的梁河县是葫芦丝之乡，云南艺术学院以葫芦丝文化为依托开设了葫芦丝专业传承和创新葫芦丝艺术文化等相关课程。

2. 共享地方高校文化资源

地方高校与地域经济社会实行文化资源共享，不仅可以让优质教育资源得到充分利用，还能够发挥地方高校文化引领地方文化发展的作用，实现教育资源效益的最大化。一是为地域经济社会的居民提供优质的文化服务。可以通过定期举办面向地域经济社会的文艺演出、书画展览、摄影比赛等文化活动，陶冶大众审美情操，带动地方文化的繁荣和发展。二是对外开放文化设施（如图书馆、体育馆、影剧院等）。教育部颁发的《普通高等学校图书馆规程（修订）》明确规定："有条件的高等学校图书馆应尽可能向社会读者和社区读者开放。"地方高校图书馆应在满足大学师生学习需求的基础上，面向地域经济社会为中小学生及成年读者提供优质的图书资源，充分发挥地方高校图书馆的文化引领功能。另外，地方高校面向社会开放体育场所，能够推动全民健身运动的开展，而向社会开放博物馆等文化设施，对推进地域传统文化的传承而言也是大有裨益的。

3. 开展校地文化合作

地方高校要充分利用得天独厚的地域、学科、人才及实验设备等优势，解放思想，转变观念，实行开放办学，走出校门与企业、政府及文化组织加强文化建设与发展合作。一是搭建公共文化艺术信息服务平台。地方高校应积极与地方政府合作，利用政府的资金扶持、政策倾斜等便利条件，与政府合力搭建公共文化服务信息平台，集网上美术馆、网上演艺馆、网上图书馆、地方文化部落等板块于一体，便于学生和社会人士学习、浏览文化成果，畅通文化传播渠道。二是建立文化实训基地。温州大学与瑞安枫岭乡学校合作创建的中华文化传承实践基地，向青少年及归国华侨华人提供学习汉语、书法、剪纸、南拳、温州戏曲等传统文化艺术的机会，使他们近距离地了解中华传统文化及温州的地方文化，增强了民族认同感和家乡认同感。

4. 开展社区文化服务

社区是地域经济社会的基本组成单位，社区文化是地域经济社会文化的重要组成部分，也是城市文化建设的基石。地方高校可充分利用自身文化优势，深入社区开展文化服务，为规范、提升和引领社区文化建设尽职尽责。一是进行文艺培训。地方高校可以组织在舞蹈、声乐、表演、戏曲、绘画等方面具有专长的师生，走进社区，对社区内的文艺骨干进行专业、系统的培训，不断提高社区群众的文化艺术素养。二是举办艺术展览、文艺演出等活动。地方高校可以把彰显社会核心价值观、反映时代精神风貌和社区群众喜闻乐见、丰富多彩的优秀作品推向社区，在社区定期举办图片展览，举行艺术成果展示、文艺演出等活动，吸引群众广泛参与，达到对社区居民"以文化人"的效果。比如，济南大学充分发挥专业优势，深入社区开展丰富多彩的文化服务活动，对提升社区文化层次、引领社区文化建设起到了积极的推进作用。

5. 挖掘和整合地方文化资源

人们研究地方文化，时常会忽略对民间风俗民情的挖掘和保护，导致一些独特的风俗民情不被人们所觉察，在历史演变的长河中渐渐消失。民间文化作为地方文化的重要组成部分，见证了一处地方文化的发展变化，地方高校应利用自身拥有的科研优势，对地域内的古朴民俗进行充分挖掘和整合，对那些散落在民间的文化宝藏进行科学分类，系统整合。此外，整合地方文化资源，应注意时间上的连贯性，做到系统挖掘，形成一个条理清晰、脉络明了的文化成果。比如，临沂大学充分发掘临沂这一地域特有的竹简文化，推进了竹简这一传统文化的传承。

二、引领地方社会主流核心价值观发展

文化的灵魂是价值观，文化的凝聚力来自人们对社会核心价值的认同。

社会核心价值观作为社会存在和发展所认同的价值观，在文化建设中居于统领和支配地位，能为文化建设提供正确的指导思想和发展方向，促进文化建设的发展和繁荣。地方高校作为先进文化的中心和发源地，其所具有的校风、学风、办学理念有利于地方形成良好的文化氛围，其所具有的科学精神、人文传统能对当地的物质文明与精神文明建设产生辐射作用，是推动社会文化建设的加速器，承担着引领地域经济社会文化发展的重要使命。

1. 传播社会主流思想意识

地方高校坚守中国特色社会主义理论体系，把民族精神和时代精神贯穿大学文化建设的方方面面，使之内化为大学人的精神素养，形成与社会核心价值观相适应的大学价值观，进而引领社会风尚，促进地方文化的发展。地方高校应借助自身具有的思政教育资源优势，面向地域经济社会进行理论宣传，普及社会核心价值观，努力使社会成员树立正确的世界观、价值观、人生观及道德观等。主要传播方式有向社会开放文化场馆、课程，开展多种形式的进社区宣传活动，利用网络资源进行宣传活动，推进全民阅读活动，等等。

2. 以多种形式满足地域经济社会的文化需求

地方高校应借助多种形式，面向地域经济社会，揭示什么是社会的主流文化，如何甄别、选择文化，特别是要通过精神文化产品的创作融入主流意识形态，生动具体地展示中国社会核心价值观的深刻内涵和精神实质，大力弘扬民族精神和时代精神，潜移默化地引领地域经济社会的文化发展。例如，大学的红色艺术把社会核心价值观融入其中，对外开放就是既能满足社会文化需求又能传播主流文化的艺术形式。

3. 开展具有地域特色的精神文化建设

各地域都饱含底蕴深厚的历史文化传统、内容丰富的风土民情及兼容并蓄的当代文化。地方文化是中华文明的主要组成部分，也是中国传统文化的结晶。地方高校引领社会核心价值观，应基于地域发展和传承精神文化特色的实际，创造性地加强具有地域特色的精神文化建设，按照当今社会核心价值观的基本要求，深入挖掘、借助和依托本地域的优秀传统文化遗产，并结合时代优秀精神文化，通过多方面、多渠道、多路径，塑造具有地域特色的精神文化，以传播社会核心价值观，引领地方文化的发展。地方高校还应充分利用重大纪念日、民族传统节日等契机，组织师生走出校门，开展志愿服务活动、诚信教育、勤劳节俭教育、创新教育等一系列活动，让社会核心价值观内化于心、外化于行，提高地域经济社会的全民素质，形成健康向上的文化氛围，提升地方文化的影响力。

三、凝练地方文化精神

地方文化精神是地方文化发展的重要基础，是地方文化的精髓，体现着地方文化的本质内涵和发展方向，体现着整个地域的文化认同感和归属感。依托地域经济社会发展起来的地方高校，既是地域经济社会的思想宝库，又是地方文化的发展中心，理应担当起地方文化发展的重任，充分挖掘和凝练地方文化精神，成为地域经济社会的精神家园。对地方文化精神的凝练，既有利于地方高校文化的发展，又有利于地方文化精神的传承、地方文化事业的繁荣发展。

1. 铸就地方高校精神，引导地方文化价值取向

地方文化精神彰显着该地域的价值取向，深深影响着地域经济社会的政治、经济和文化发展。地方高校精神是地方高校的灵魂。地方高校精神的铸就受到所处地方文化精神的影响；同时，地方高校精神对地方文化精神的孕育、凝练、发展又具有导引作用。铸就地方高校精神，能够导引地方文化精神的凝练。这就内在地要求地方高校首先应强化自我批判功能，这是导引地方文化精神发展的重要举措。强化大学的自我批判功能，要求大学教师基于自身的责任和人格，利用已有的高深知识，遵循高等教育发展的客观规律和时代特征，对大学的办学理念、人才培养模式、学术管理制度等方面进行反省、修正与超越，做出肯定或否定的价值判断，从而不断地进行调整，明确大学正确的发展方向，以达到理想的目标。其次，要不断提高自律水平。自律是一所大学可持续发展的重要保障。地方高校需根据地域经济社会需求和学校办学实际，在办学目标、学术研究、教育质量等方面坚持自我约束、自

我革新、自我完善，形成充满生机与活力的内部运行机制，建立适应市场经济的自我约束、自我发展的运行体制，提高大学的自律水平。

2. 发掘、传承地域优秀文化，助推地方文化精神的凝练

地方文化包含独具特色的精神价值。传承和创新地方文化是地方高校应有的职责。一是在大学精神文化建设之中凝练地方文化精神。在深入研究地方文化的前提下，把地方文化精神融入地方高校精神，通过历代师生的传承、行为倡导，逐步形成地方大学人共同的价值追求，实现凝练地方文化精神的目的。二是通过多种形式对优秀地方文化进行宣传，如借助互联网、报纸等信息平台和优秀文化进社区等方式，加强对优秀地方文化的传播，加深地域群体对所属地方文化的认识，继而达到将地方文化精神内化于心的目的。同时，地方高校可以利用现代设施优势加快对文化艺术档案的信息化建设步伐，运用现代传播技术实施地域文明展示工程和地方文化遗产陈列展示工程等，通过提升地方文化展示和传播能力，将深深根植于地方文化的独特性表现出来，这有助于地方文化精神的进一步挖掘和凝练。

3. 辩证面对地方文化精神

地方高校要充分利用自身的研究和实践优势，认真归纳、整理和总结历史上能体现地方文化精神的优秀元素，辩证面对新时期、新阶段对地方文化的新要求，提炼引领地域发展的文化精神。同时，由于地方文化特色是由不同层次、不同阶段和不同的文化内涵组成的，在研究地方文化特色精神时，要注意将不同的地方文化进行对比，寻找文化之间的差异，从差异中寻找本地文化所特有的文化精神内涵，以引领地方文化的健康发展。

四、彰显地方文化特色

每一处地域经过长期的历史积淀，都形成了自己的文化特色，这些文化特色成为地域的"品牌"，传播着地域经济社会的知名度和美誉度。地方高校文化对传播及创新地方文化特色责无旁贷。

1. 拓宽研究类型

地域经济社会由于所处地理位置的局限性，其研究实力相对薄弱，迫切

需要地方高校的智力支持。地方高校面向地域经济社会开展应用性研究，是地方高校科学研究的本真职能。地方高校面对地域广阔、资源丰富的地域经济社会文化，能够从事人文研究，从历史资源中汲取营养，为地方高校文化建设提供精神源泉，为地方文化锦上添花；能够进行社会科学研究，为解决地域经济社会的社会问题出谋划策，发挥智囊团和人才库的作用；能够进行自然科学研究，帮助地域经济社会解决城乡生态环境等问题，等等。因此，地方高校应建立地方文化研究机构，争取地方政府的大力支持，建成面向地域经济社会，依托高层研究机构的地方文化研究中心，为地方提供文化咨询、决策服务，以彰显地方文化特色，引领地方文化发展繁荣。

2. 打造地方文化研究机构，建设相对稳定的研究团队

地方高校在充分挖掘、研究丰富的地方文化资源时，应该根据地方文化建设和发展的需要，面向地域经济社会现实，优化地方文化研究资源，将地方文化研究的专家、学者，汇聚到一起组成学术研究共同体，对地方文化展开一系列研究。例如，临沂大学整合临沂大学教育资源，设立沂蒙文化研究院，以沂蒙红色文化、沂蒙古代文化和沂蒙文化产业开发研究为核心和主打品牌，高效整合研究资源，全力打造沂蒙文化研究新平台。地方高校还应当积极策划、出版地方文化著作、地方文化资料选编及相关论文等成果。例如，曲阜师范大学凭借孔子故里地域优势及浓厚的儒家文化优势，成立了"孔子文化研究院""山东省儒学研究基地"等研究机构，编辑出版了《孔子资料汇编》《石头上的儒家文献 —— 曲阜碑文录》等大型文献资料集。

第四节　地方文化浸润地方高等教育文化

汲取地方文化的优质元素滋养地方高校文化，以形成富有地域特色的地方高校文化，这不仅是对地方文化内在价值的再审视、再挖掘，更是为地方高校文化的发展提供动力和养分，同时也能够进一步提升地方高校文化对地方文化的引领能力。

一、依托地方文化美化地方高校文化校园

大学文化校园作为大学文化的物质形态，具体表现为校园规划布局、校园景观、校园标志性建筑和各种教学设施等，它既是大学精神文化的物质基础，也是大学综合实力的重要标志。我们不能简单地仅从有形实体的角度去理解大学文化校园，而应从大学文化校园的建设中呈现的文化深刻意蕴的角度去理解。地方文化为地方高校文化提供环境氛围，其所蕴含的价值取向是以不同方式直接或间接地影响地方高校的价值取向的。地域经济社会的自然环境和人文环境最能体现特定地域的文化内容，它是地方文化的重要载体，是地方文化的重要标识。地方高校应汲取地方文化元素，并把地方文化元素应用到自身文化校园的建设之中，形成一个相互对应、相互作用的文化校园场域。

1. 净化地方高校校园规划布局

地方文化是地方高校校园规划布局的重要依托。地方文化越久远、越深厚，就能为地方高校提供越发厚重的文化根基，也就对地方高校的文化影响更加深远。教师的教学、学生的学习等，都需要一个宁静的文化氛围。校园规划布局是文化校园建设诸多要素中的核心要素。因而，诸多大学在规划布局时常常选在城郊的清旷僻静之地，即使在城市中，也要用围墙或绿化带等与闹市隔离开来，形成比较雅静、相对封闭的环境。临沂大学的校园规划布局，参考国外著名大学校园的理想模式，同时遵循中国古代书院选址相地的优良传统，以及"仁者乐山，智者乐水"的传统理念，在山清水秀、风光旖旎的自然环境中建造高等学府，达到校园建筑与自然环境的协调，凸显特色鲜明的校园环境。

2. 美化地方高校校园景观

一方水土养一方人。一所好大学理应精心酿出一缸上好"汤料"，让身处其中的师生，在有形的精致建筑群和硬件设施中受到感染、熏陶和教化，并营造持续有效的群体氛围。

校园景观是大学文化的物质载体，积淀着悠久的历史、丰厚的文化及社

会价值观念，每一处景观都在诉说自身的历史、文化等。大学师生员工通过欣赏校园景观获得审美知觉，从中感悟特定的情感、态度和价值观等文化内涵。校园景观承载着地方文化精神，通过欣赏校园景观，人们可以解读校园景观中蕴含的地方文化精神。对校园景观建设的过程就是对地方文化进行美化及再创造的过程，也是对其育人价值进行挖掘和升华的过程。

3. 亮化地方高校校园标志性建筑

地方文化为地方高校的标志性建筑提供着"原型启发"的作用，体现着所处地域的自然环境、人文环境，蕴含着丰厚的地方文化底蕴，彰显着文化传统和时代精神，展示着地域特色。地方高校应充分利用地方文化的自然资源和人文景观建设，打造独具特色的建筑风格。

4. 优化各种教学设施

地方高校的各种教学设施是地方高校的办学特色和文化精神的彰显，是地方高校文化校园的主要载体。随着我国高等教育的大众化发展，地方高校已从外延扩张转向内涵建设，地方高校在基础设施建设上加大投入力度，强化环境育人，在设计理念上力争实现校园基础设施建设与校园师生精神的互动，达到潜移默化的育人效果。地方高校应充分利用地域经济社会的历史资源和人文景观，打造教学设施的地方文化特色，应根据地方高校的特点，充分利用地方文化资源，在校园中体现其拥有的丰富的地方文化资源及历史内涵，使之成为独特的风景线。

二、依托地方文化孕育地方高校的办学理念、校风、校训和教学文化

地域精神文化是地方文化的历史浓缩，是地方文化的核心和灵魂，体现着不同地域的历史脉络和文化传统，主要包括价值观、理想追求、思维模式、道德情感等因素。地域精神文化只有内化为地方高校的办学理念和办学行为，地方高校才能为地域经济社会发展提供人力资源，才能培养适应地域经济社会发展所需要的人才。因此，地方高校文化建设要充分利用地方文化资源，以开放的姿态，批判性地、选择性地接受地域精神文化，形成积极向上、高

雅的文化体系，体现具有地方文化特色的办学理念和校风、校训、学风等，最终形成地方高校的文化品牌。地方高校理应对地域精神文化加以阐释和提炼，将其引入大学文化建设的具体工作，使之成为地方高校打造自身文化特色的动力源。

1. 孕育地方高校的办学理念、校风、校训

办学理念是关于"办怎样的学校""怎样办好学校"的理性认识和理性思考。地方高校的办学定位和职责职能决定了地方高校的办学理念必须建立在理解和落实地方文化的基础之上。如果学校没有自己的理念，只看排名榜，然后跟着排名榜的指挥棒转，为建立一流大学而建立一流大学，那永远建不成一流大学。

地方高校通过深入研究地方文化，可以凝练出体现地方文化特色的校风。校风是一所学校的风气，包括教风、学风和管理作风等，是一所大学精神风貌的集中反映。优良校风能够陶冶学生的情操，提升教师的凝聚力，对社会具有良好的示范和引领作用。

校训是一个大学对其文化传统、文化精神的理性抽象和认同。不同的传统、精神，不同的校训、校风，是大学展示的"文化名片"，是大学绵延的"文化基因"，构成了学生思想和行为的不同"文化模式"。校训是大学文化最显性的一种表达，体现着一所大学的内在价值诉求，具有简洁性、凝练性、独特性。地方文化是地方高校校训内容的应有之义，地方高校把地方文化融入校训之中是地方高校的必然选择。

2. 孕育地方高校的教学文化

地方高校理应充分利用地域精神文化资源，通过"地域精神文化进教学"活动，拓展文化育人载体，形成地方高校的教学特色。

一是丰富教学内容。要加强"校本课程"建设，将地方文化作为教材建设的组成部分，加大地方文化内容所占教材的比例，在全校各专业开设地方文化通识课程。要鼓励教师加强地方文化的研究，将教师的研究成果转化为课程内容，并且邀请地方文化研究专家，不定期开设地方文化专题讲座。

二是积极开展实践教学，强化大学生对地方文化的理解和认同。首先，以多种形式积极开展具有地方文化特色的社会实践活动。例如：校地联合建立地方文化教育实践基地，充分利用寒假、暑假等假期，组织学生参观学习地方文化内容，撰写调研报告等；教师和学生共同参与关于地方文化的调查和研究活动，升华师生对地方文化的认同。其次，通过学生社团、各类文艺活动等非正式组织活动，积极开展具有地方文化特色的校园活动，营造地方文化的学习和研究氛围。同时，通过开展校园社团进社区等活动，将高雅的地方文化辐射到地域经济社会生活之中。

三、依托地方文化完善地方高校制度文化

在我国，影响地方高校适切性的首要因素是地域政府。我国的传统教育一直以"学在官府"为主流，"学而优则仕"是士子们皓首穷经的终极目标。许美德教授认为中国文化模式分化成两个极端："一端是权威式的高度集权的官僚高等学府，与此相连的是科举考试；另一端是相对进步的和灵活的书院式高等教育机构以及一些非正规的教育机构，在历史上它们是一种重要的与官办的高等教育相抗衡的力量。"[①] 但是书院式高等教育机构处于支流和边缘，官僚高等学府是主流和中心，后者更是影响教育价值和管理方式的文化传统，具体表现为大学管理的"科层化""行政化""单位化"。有学者认为，中华人民共和国成立以后，公立大学单位化成为我国大学的最大特色，其含义十分复杂。简而言之，单位化后的大学，不再有大学的边界与神韵。这个机构可能也还有教学、科研等活动，有教师、学生等要素，但与政府直属的研究机构或培训场所没有什么根本区别。地方高校受到政府权力的影响和制约则更为明显和突出，其中影响和制约最为明显的乃是对地方高校的制度文化的建设和发展。资源依赖理论认为，为了获取这些资源，特定组织必须同它所处的环境内的控制这些资源的其他组织化的实体进行频繁互动并努力建立亲密关系。地方高校应理性面对，积极建立与地域政府的"亲密关系"，

①许美德. 中国大学 1895—1995：一个文化冲突的世纪 [M]. 徐洁英，译. 北京：教育科学出版社，2000：290.

这也是现代大学制度建设的应有之义。

1. 充实地方高校的制度文化

地域政府在推进社会治理体系和治理能力等方面已形成稳定而成熟的制度文化，其所彰显的科学精神的价值追求、人文精神的价值取向、建设家园的奉献精神，对地方高校建设人才培养制度文化、教学制度文化、管理制度文化等都具有积极的影响。换言之，地域经济社会制度文化是地方高校制度文化建设的宏观背景，地方高校的制度文化若要不断保持自身的生命力和影响力，需要不断从地域制度文化中汲取营养。

在执行党委领导下的校长负责制基础上，地方高校应汲取地域显性制度文化的优秀元素，制定和完善包括教学制度、科研制度、管理制度等方面的规章制度，并赋予其约束、规范的权力，形成符合地域经济社会要求的行为规范，促进教学、科研管理的高效运行。

2. 规范和约束地方高校的制度文化建设

地方高校由地方政府举办，钱从地方来，事归地方管，人由地方任，肩负为区域经济社会发展培养专门人才、开展科学研究、传承引领文化、提供社会服务的重任。[①] 基于地方高校的"地方性"特征，地方高校与所在地域经济社会的关系，特别是与政府等投资者这些利益相关者的联系可谓千丝万缕、密不可分。这种管理体制决定了地方政府对地方高校的制度文化建设进行一定意义上的规范和约束成为必然，使地方高校的制度文化建设能够"随心所欲不逾矩"。地方高校制度建设要受到地方政府的制约，在地方政府部门党委的引领下，地方高校要广泛吸收地域组织管理的制度文化，形成自身的制度特色。

3. 助推地方高校的制度文化创新

大学制度文化缺少特色已成为不争的事实。大学制度文化缺少特色主要体现为大学的办学模式缺少特色。大学办学特色不鲜明，培养出的学生必然缺少特色，必然满足不了社会上多元化和多样化的需求。我们讲的是鼓励高校建出特色来，而在实际的政策制定过程中，不管是经费拨款，还是学费的

---

①段志光. 地方高校章程要有"地方"特色 [N]. 中国教育报，2014-11-10（10）.

制定、招生、就业雇用等，都没有体现出鼓励特色，所以大家都势必向一个方向靠拢，千校一面。其主要原因乃是地方高校的制度文化制约了所培养人才的创新能力。大学制度文化创新是大学适应社会发展，使大学教育与现代社会同步发展的必由之路。然而地方高校的制度文化同地域经济社会的发展相比，仍然比较滞后，在人才培养方面延续传统的应试教育培养模式和人才评价观念，导致大学生的创新能力不足。

地方高校借力地域经济社会的制度文化进行制度文化创新，并非依赖地域制度文化，更为关键的是在坚守大学的本真属性和本体功能的前提下，勇于突破地域局限，解放思想、更新观念，深入研究高等教育发展的国际、国内趋势，理性分析"校情"和"域情"，创新切实可行的地方高校制度文化，充分彰显制度文化的效能。

四、依托地方文化彰显大学师生的行为文化特质

一定地域内的社会个体的言行举止也在潜移默化地影响着大学人的行为选择，对大学人的行为文化产生"润物无声"的效果，使大学人自觉负有"地域风格"，积极实践"地域行为文化"。

1. 滋养地方大学人的地方文化精神特质

人创造了环境，环境也在创造人。存在于一定地域的自然环境和社会文化环境之中的地方高校，彰显着不同的地方文化特质，这些地方文化特质成为大学人的一种极具潜能和特色的教育资源，在潜移默化地"浸泡"着大学人，给大学人打上了深深的地域烙印，滋养着大学人的地方文化精神特征。

2. 提升大学的人文精神

教育的目的，并不是训练学生为了某种单一工作而努力，或者一毕业就找到工作。人文教育的目的是发展学生的批判性思维、创意及自省能力，而这种思维和能力，在各种经济、社会和环境的变迁中都将持续。我们必须挑战自我，以确保我们的毕业生准备好了去进行观察、比较、思考和判断。"而且，这些能力是可以触类旁通的，不论学生毕业后选择在哪个领域奋斗，

它们都将给学生回馈丰硕的生活和职业生涯"，福斯特说。[①] 地方高校不能成为培训机构，强化人文教育亦应成为地方高校的教育教学的题中应有之义。地域经济社会拥有得天独厚的丰富的人文教育资源，地方高校理应充分利用这些资源，采用不同的方式方法，广泛开展人文教育，提升大学的人文素养。

3. 砥砺大学人的创业精神

管理学家丹尼·米勒（Danny Miller）认为："如果企业家表现出勇于创新、承担风险和行动领先的行为，那么就可以认为企业家具有创业精神，创业精神不仅可以指创业家的个性特征，也可以指企业的行为特征。"[②] 德鲁克（Drucker）也认同创业精神的核心在于创新，但是这种创新应该是系统化的。他认为：创业精神可以存在于各种类型的企业，也包括政府和非营利机构；创业精神是行为而非个性特征，凡是能够大胆决策的人都有可能经过学习而成为企业家，并且表现出创业精神。大学人对于地方文化而言可谓"生于斯，长于斯，止于流年，铭于心"，它对大学人的影响刻骨铭心。地方文化的特质影响着大学人的创业精神，使之表现出若干地方文化特质。创业精神不是与生俱来的，是大学人生活在一定的文化氛围中"浸泡"出来的，文化是诱发大学人的创业精神的核心动力。创业精神的形成过程的实质乃是大学人长期的文化资本积累的过程，也是大学人的价值观念体系不断形成、丰富和完善的过程。地方文化对于创业精神的影响，最关键的是其所体现的价值观念、思维方式和行为习惯。其中价值观念决定着人们的最终追求或理想，它直接引导着人们去做什么或不做什么，应该做什么及不应该做什么。思维方式则决定着人们怎么去做，如何解决遇到的困难。行为习惯则是对价值观念和思维方式的实践和落实，起着检验、修正和巩固的作用。

---

①赵晗，王力为. 哈佛校长：受教育是为替身边的世界创造价值 [EB/OL]. （2016-01-30）[2021-11-12]. https://www.sohu.com/a/57294779_105067.

① MILLER D. The correlates of entrepreneurship in three types of firms[J]. Management Science，1983，29（07）：770-791.

第五节 构建地方高等教育文化与地方文化互动发展机制

一、机制及其分类

在《现代汉语词典》中，"机制"指的是机体的构造、功能和相互关系。近代爱国志士、诗人丘逢甲的《汕头海关歌寄伯瑶》云："西人嗜糖嗜其白，贱买赤砂改机制。"基于社会学的视角，人们较为普遍地认为，机制是在正视事物各个部分的存在的前提下，协调各个部分之间关系以更好地发挥作用的具体运行方式。它由层次机制、形式机制和功能机制三种基本类型组成。

1. 层次机制

层次机制从社会组织不同的层次范围考察社会各个组成部分之间的相互关系及其运行方式，主要包括宏观机制、中观机制和微观机制三个组成部分。宏观机制是指从社会组织的顶层出发，基于整体的考量，运用整齐划一的方式把社会组织的各个要素统一协调起来，从而发挥组织的整合作用。中观机制是指从社会组织的中层着手，运用平行分配模式将组织各要素整合起来使之有效运行。微观机制是基于社会组织的各个组成部分，充分调动社会组织各个组成部分的积极性进而发挥其应有作用的运行方式。

2. 形式机制

形式机制根据组织运行形式的不同，分析组织系统内部不同机构之间的内在联系及其运行方式，主要包括行政 - 计划式机制、指导 - 服务式机制和监督 - 服务式机制。行政 - 计划式机制主要是指运用行政和计划的手段将组织的各个要素整合起来使之有效运行和发挥作用。指导 - 服务式机制是指运用指导和服务的手段将组织的各个要素整合起来使之有效运行和发挥作用。监督 - 服务式机制是指运用行政 - 计划的手段和指导 - 服务的手段将组织的各个要素进行统整，使之有效运行和发挥作用。

3. 功能机制

功能机制从组织的功能这一视角，分析、考察组织系统各要素之间的相互关系及其运行方式，主要包括激励机制、资源共享机制、制约机制、保障机制和评价机制等。激励机制是在组织系统中，激励主体系统运用多种激励手段并使之规范化和相对固定化，而与激励客体相互作用、相互制约的结构、方式、关系及演变规律的总和。资源共享机制是指按照资源所有权的特征，以产权为纽带，由资源利益主体及资源所在地居民，通过组建某种平台，共同参与资源开发，合理分配资源开发利益，减少资源在非共享状态下开发中出现的弊端。制约机制是一种运用民主和法治的手段，通过有效的途径，对权力进行限制和约束，保证管理活动的有序化、规范化。保障机制是指为保障组织的有效运行，为组织提供各种保障条件的机制，主要包括提供经费、资金、设备等物质保障，提供理念、观念、思想等方面的精神保障，提供政策等方面的制度保障，等等。评价机制是指为保障管理活动的有序化和规范化，一般由法定的中介机构进行科学、客观评价的机制。在现实的活动过程中，功能机制的运作方式并不是独立的，它们之间具有相互依存性。

二、构建地方高校文化与地方文化互动发展机制的必要性

机制在社会组织系统中发挥着基础性和根本性的作用。地方高校文化与地方文化要达成互动发展，构建地方高校文化与地方文化之间的互动发展机制成为必然。

1. 促进地方高校文化与地方文化深层次融合

地方高校文化与地方文化的互动发展，客观地存在着如何协调地方高校文化与地方文化的关系的问题。协调地方高校文化与地方文化的互动关系问题，实则是一个具体运行方式的问题。构建地方高校文化与地方文化互动发展机制，就是以一定的运作方式把二者有机联系起来，促成文化资源的有效配置和合理利用，使它们协调运作而发挥作用。构建地方高校文化与地方文化互动发展机制，能够从宏观、中观和微观三个不同的层面对地方高校文化与地方文化的互动发展进行系统设计，打破地方高校文化与地方文化之间的

封锁和分割，促进地方高校文化与地方文化之间的信息流通和各要素之间的交流，能够充分发挥组织主体的行政宏观指导作用并为二者的互动发展提供优质的服务，增强互动发展的计划性，减少互动发展的盲目性和随意性，为地方高校文化与地方文化的深度融合创设良好的氛围，促进地方高校文化与地方文化的深度融合，提升地方高校文化与地方文化互动发展的效能，增强地方高校文化和地方文化发展的活力。

2. 实现地方高校文化与地方文化的互惠共荣

构建地方高校文化与地方文化互动发展机制，能够充分发挥地方高校文化和地方文化的自我调节和自我发展作用，促使地方高校文化与地方文化的互动发展过程协调、有序、高效运行，实现"和而不同""求同存异""各美其美""美美与共"；能够强化地方高校文化与地方文化之间的内在联系，激发地方高校文化与地方文化互动发展的内在活力及对外应变能力，提高互动发展的针对性和适应性；能够促使地方高校文化与地方文化之间形成良性竞争，从而实现互惠共荣。

3. 驱动地方高校文化与地方文化的协同创新

协同创新已经成为社会组织提高自主创新能力的全新组织模式。地方高校文化与地方文化的协同创新，就是地方高校和地域经济社会这两个创新主体要素实现创新互惠、知识共享、资源优化配置、行动最优同步的系统匹配及深度合作。实现协同创新，需要构建地方高校文化与地方文化互动发展的机制。良好的机制是实现协同创新的基础和保障。构建地方高校文化与地方文化互动发展机制，能够驱动地方高校文化和地方文化进行创新发展，增强地方高校文化与地方文化互动发展的活力，能够为协同创新发展提供服务和保障，能够为协同创新发展创设良好的制度环境。

4. 推进相关文化管理从"人治"走向"法治"

构建地方高校文化与地方文化互动发展机制，能够发挥组织主体的监督功能规范地方高校文化与地方文化互动发展的运行规则；能够通过有关的法律法规规范地方高校文化与地方文化互动发展过程中的各种行为，规范行为主体使之能够在法律规范下进行互动发展；能够由政府通过行政的、财政的、法律的手段对地方高校文化与地方文化互动发展的运行进行调控，以弥补自我调节的不足；能够保障地方高校文化与地方文化互动发展的合法性，从个人意志走向法治，促进互动发展的有序、公正和公平。

三、构建地方高校文化与地方文化互动发展机制的对策

地方高校文化与地方文化互动发展机制是地方高校文化与地方文化在相对较长时间的运行中体现出来的。构建地方高校文化与地方文化互动发展的机制不能使用强制力量，需要二者在一个相对较长的时间内进行"磨合"和"应变"。构建地方高校文化与地方文化互动发展机制的最终目的，是实现地方高校和地域经济社会组织系统良好的自适应状态，在外部条件发生不确定变化时，能自动地迅速做出反应，调整互动发展战略和策略，实现地方高校文化与地方文化互动发展目标的优化。

1. 构建地方高校文化与地方文化互动发展的层次机制

构建地方高校文化与地方文化互动发展的层级机制，乃是对地方高校文化与地方文化互动发展的总体规划的具体分化和细化，要求依循地方高校文化和地方文化的发展规律，结合地方高校和地域经济社会实际，从宏观、中观和微观的层面进行综合设计，也就是从系统的整体出发，基于地方高校和地域经济社会发展的全局，对地方高校文化与地方文化互动发展的各方面、各层次、各要素进行统筹规划，追根溯源，统揽全局，实现理念一致、功能协调、结构统一、资源共享，有序、高效地实现地方高校文化与地方文化互动发展的目标。构建互动发展的层次机制要避免只有总体规划，缺乏具体的实现手段；避免造成在总体规划之下地方高校和地域经济社会主体各自为政、分兵把口的局面；避免造成文化资源难以共享、文化信息难以互联互通的后果。

构建地方高校文化与地方文化互动发展的层次机制，理应从组织的高端着手进行总体设计。当然，高端设计也需要通过民主集中的方式，从若干的"谋一时""谋一域"中科学抽象出来。高端设计不是闭门造车，不是拍脑袋"拍"出来的。

　　构建地方高校文化与地方文化互动发展的层次机制，理应有自下而上的动力。围绕互动发展理念和发展目标，实现地方高校和地域经济社会各个利益群体的互动，让利益相关者群体参与，激发利益相关者的能动性。

　　构建地方高校文化与地方文化互动发展的层次机制，理应强化实际的可操作性和实效性。这就要求层次机制的设计做到简洁明确，具备实践性和可行性，层次机制的设计应是可实施、可操作的。

　　构建地方高校文化与地方文化互动发展的层次机制，理应注意，虽然宏观、中观、微观反映的是地方高校和地域经济社会认识地方高校文化与地方文化互动发展层次范围的应然逻辑，但是实际上从地方高校和地域经济社会的层次来看，地方高校文化与地方文化的运行方式不一定就是从宏观到中观再到微观，有可能是从中观到宏观再到微观，抑或是其他路径。地方高校和地域经济社会无论从宏观、中观或微观三者之中的哪个层次出发去分析地方高校文化与地方文化的运行方式，都必须兼顾到其他两个层次，否则既不可能准确而清楚地认识这一层次上的机制，也不可能全面地认识地方高校和地域经济社会的层次机制。

　　构建地方高校文化与地方文化互动发展的层次机制，地方政府理应当好"总设计师"，当好"舵手"。基于目前国家对高校的管理体制和高校自主办学尚处于初级阶段的现实，地方政府对构建地方高校文化与地方文化互动发展的层次机制的作用不可或缺。构建地方高校文化与地方文化互动发展的层次机制，要求地方政府做更加准确的定位，地方政府不能替代地方高校和市场，地方高校和市场也不能替代政府，要避免造成大学和市场失灵或地方高校和政府失灵的现象。

　　2. 构建地方高校文化与地方文化互动发展的形式机制

　　构建地方高校文化与地方文化互动发展的形式机制，目的是正确处理中央政府与地方政府的关系、地方高校与地方政府的关系、地方高校与地域经济社会的关系，逐步建立地方高校自主办学、政府宏观管理、社会积极参与的运行机制，改进现行的行政管理模式，解放地方高校的生产力，更好地实现地方高校文化与地方文化的互动发展。

构建地方高校文化与地方文化互动发展的形式机制，地方政府应将自身定位为服务型政府，更多地承担服务的角色。地方政府理应顺应国家政治体制、经济体制、教育体制、文化体制改革的宏观要求，视高等教育为社会公共事业，实行举办权与办学权分离，认同高等教育的办学主体是高等学校，而不是政府。政府理应运用经济的、法律的和必要的行政手段，为高校提供优质服务，甚至"购买服务"，促使高校面向市场自主办学。① 治理模式应由"大政府、小社会"向"小政府、大社会"转变。具体而言，在管理目标方面，要强调强化政府的公共服务意识，发挥政府的公共服务职能，由原来的"管理型政府"走向"服务型政府"，做到政府职能的定位准确、目标清晰，管理得少，服务得多，促成各合作主体之间的平等关系，最大限度地发挥市场资源配置管理机制的作用；在管理方面，地方政府理应依循市场经济规律和高等教育发展规律，尊重地方高校作为高等教育机构的特殊性，对地方高校进行宏观管理，减少行政干预，做到公正行政、公平行政，克服地方高校领导管理体系中存在的条块分割、多头管理现象，克服狭隘的地域自我利益保护。正如美国政治哲学家约翰·罗尔斯（John Rawls）所说的那样，一个社会，当它不仅被设计得旨在推进它的成员的利益，而且也有效地受着一种公开的正义观管理时，它就是组织良好的社会，而他们共同的正义感又使他们的牢固合作成为可能。②

构建地方高校文化与地方文化互动发展的形式机制，理应通过体制创新来实现。一是地方高校理应充分发挥各院系、研究机构等的能动性，把制约学院发展的人事权、资源分配权、科研项目管理权、学科课程设置权等真正做到权力下移。二是创新科研管理体制。地方高校创新科研管理体制的核心是：紧紧把握地方高校的科学研究方向，使之与地域经济社会的建设和发展特别是与文化建设和发展紧密结合，真正实现产学研的协调发展。三是地方

---

①郭峰，韩延明. 从制度环境的视角探高校自主办学的路径 [J]. 大学教育科学，2015（06）：4-10.

②约翰·罗尔斯. 正义论 [M]. 何怀宏，何包钢，廖申白，译. 北京：中国社会科学出版社，2009：5.

高校理应利用一切可以利用的资源，强化多元化办学模式。

构建地方高校文化与地方文化互动发展的形式机制，理应建立并完善互动发展的多元投资体系。高等教育事业无论从政府、个人还是各种资源的综合配置的角度来说，都是一项投资非常昂贵的事业。地方高校文化与地方文化的互动发展，离不开投资主体的多元化，理应逐步形成以政府投入为主体、企业和社会集资为补充的多元参与的投资体系。首先，加大政府对地方高校文化与地方文化互动发展的投入并使之规范化、制度化。其次，建立科学合理的文化成果转化的评估体系，设立和发展投资顾问机构、评估机构、项目中介机构、市场调研机构等。最后，进一步完善和规范与投资配套的市场服务体系。

构建地方高校文化与地方文化互动发展的形式机制，理应构建利益分配制度。利益与责任是相互统一的，地方高校文化与地方文化的合作在追求利益的同时，也就意味着责任的承担。地方高校与地域政府若是保持长期而相互信任的关系，理应构建利益与责任相统一的制度，做到责任具体、明确，各负其责，谁承担的责任大，谁的受益多。

构建地方高校文化与地方文化互动发展的形式机制，理应创建地方高校文化与地方文化互动发展的平台。加强地方高校文化与地方文化互动发展的最有效的手段和途径就是建立地方高校与地方文化长期稳定、互惠共赢的互动发展战略联盟，构筑合作平台，将地方高校文化精神系统地注入地域经济社会的发展中，向实现长期合作、紧密合作、系统合作转变。地方高校应瞄准地域经济社会发展的文化需求，有组织、跨学科地与地域经济社会建立平台，积极承接重大委托文化建设项目，推动地方文化的全面提升；应与地域经济社会共建大学文化产业园，引入更多文化创新成果，重点围绕文化新兴产业进行培育，力求使一批拥有自主知识产权的文化成果实现产业化。

构建地方高校文化与地方文化互动发展的形式机制，理应积极吸纳社会中介组织进行监督，充分发挥社会组织的监督作用。《国家中长期教育改革和发展规划纲要（2010—2020 年）》明确提出："培育专业教育服务机构。完善教育中介组织的准入、资助、监管和行业自律制度。积极发挥行业协会、专业学会、基金会等各类社会组织在教育公共治理中的作用。"构建地方高校文化与地方文化互动发展的形式机制，应进一步"完善监管机制，积极培育社会监督机构，使之作为政府监督的有益补充；要积极制定有关政策制度，明确高校与各利益相关者、中介组织及社会公众合作的原则，扶植并支持教育中介组织的发展，积极发挥行业协会、专业学会、基金会等各类社会组织在教育公共治理中的作用"。发挥社会中介组织的监督作用，一是要探索建立中国特色的董事会或理事会制度，这将有利于推动地方高校主动适应地方文化发展需求，形成利益相关者共同监督地方高校建设和发展的治理模式。地方高校应明确董事会的角色和职能，"使董事会作为实体、载体，依据大学章程对董事和校长行使职权的活动等进行监督，同时保证社会监督的有效性"。二是要实质性地扩大地方高校和地方政府的信息公开度，主动加强与公共媒体的合作，主动接受社会各界和广大人民群众的社会监督。特别是在信息技术条件下，充分"利用现代化通信技术、网络技术，主动加强与公共媒体的合作，建立相互信任、相互尊重的关系。媒体既要公正报道，又要敢于监督，与地方高校共同努力让社会公众理解并支持高等教育的健康发展。[①]

3. 构建地方高校文化与地方文化互动发展的功能机制

地方高校文化与地方文化的互动发展，从某种意义上共同组成了一个动力系统，作为一个系统整体，它的发展离不开组织系统内部各项功能的发挥。因此，建立和健全二者互动发展的功能机制，可以为实现地方高校文化与地方文化发展的良性互动提供制度保障。

（1）构建地方高校文化与地方文化互动发展的激励机制

构建地方高校文化与地方文化互动发展的激励机制，就是地方高校和地方政府协同制定理性化的制度来反映地方高校文化与地方文化相互作用的方式。这种方式一旦形成，就会内在地作用于地方高校文化和地方文化系统本身，使地方高校文化和地方文化的机能处于一定的状态，并进一步影响地方高校文化和地方文化的互动发展。构建地方高校文化与地方文化互动发展的

激励机制，客观地存在着对地方高校文化与地方文化互动发展的助长作用和致弱作用。

构建地方高校文化与地方文化互动发展的激励机制，一是目标设置必须同时体现地方高校文化和地方文化发展的客观要求。二是激励的目的和方法要明确、直观和公开，因为直观性和公开性与激励影响的心理效应成正比。三是要区别运用物质激励手段与精神激励手段。物质激励手段指物质等经济性激励手段，它是基础。精神激励手段指地位、权力、成就感、社会认同等非经济性激励手段。精神激励手段是一种促进地方高校文化与地方文化互动发展的内在的驱动力。因此，在二者结合的基础上，应逐步过渡到以精神激励手段为主。运用物质激励和精神激励手段，还应充分考虑地方高校文化和地方文化不同行为主体的差异性。作为地方高校文化行为主体的教师具有精神需求的优先性，这就要求对教师更多地运用精神激励手段。四是激励机制必须做到正激励与负激励相结合。对地方高校和地域经济社会的行为主体符合地方高校文化与地方文化互动发展目标的期望行为要进行奖励，而对违背发展目标的非期望行为则要进行惩罚。但不论进行奖励还是惩罚，都要适度、公平、公正和公开，因为奖励或惩罚不是目的，只是促进地方高校文化与地方文化互动发展的手段。

（2）构建地方高校文化与地方文化互动发展的资源共享机制

"高校是社会经济发展的核心，也是社会文化的源泉，高校拥有丰富的资源，如实验室、图书馆、体育馆、文化设施等，与社会共享、为社会服务是其基本要求，这些资源向周边社会和居民开放，提供有偿甚至无偿使用服务。"① 构建地方高校文化与地方文化互动发展的资源共享机制，就是统筹地方高校和地域经济社会的利益，在资源开发过程中寻求利益分配均衡，实现共赢。这既能克服原有资源开发与利益分配机制的弊病，又能让资源利益主体在资源开发中共同获益，建构一种新的分配模式。

一要明晰资源产权，保证地方高校文化与地方文化互动发展的资源产权在法律上清晰、在互动发展过程中明确，使地方高校和地域经济社会在资源

---

① 李波. 山东高校社会服务能力研究 [M]. 济南：山东人民出版社，2016：4.

产权中所占比例达到合理化。

二要实施开发主体运行共享制度。实施开发主体运行共享制度是通过对现有地方高校和地域经济社会的文化资源实行规范的管理，使资源开发主体在资源开发和运营过程中实现资源产权的组合。这样既能保证地方高校和地域经济社会利益主体的产权得以实现，又能调动二者参与资源开发的积极性。

三要实施资源开发收益分享制度。资源开发收益分享制度是根据地方高校和地域经济社会不同的利益主体在资源产权中所占的比例，对资源开发所获得的收益进行分享的制度。资源开发收益分享制度可以保障地方高校和地域经济社会从资源开发中受益，减少资源开发中的短视行为，有利于实现资源的可持续开发和利用。

四要进行资源开发收益再投入。资源开发收益再投入是采取有效的措施保障适当的开发收益用于当地经济建设及生态环境建设。资源开发收益再投入要求地方高校和地域经济社会将其所得收益按照一定的比例再投入到地方高校文化和地方文化的建设和发展中，使地方高校和地域经济社会实现社会效益、经济效益和生态环境效益的统一。

（3）构建地方高校文化与地方文化互动发展的保障机制

地方高校文化与地方文化的互动发展，作为"一种联系的活动"，不可能自我运行，只有在一定的条件下才能实现互动发展，因此构建地方高校文化与地方文化互动发展的保障机制成为必然。

一是制定完备的法律制度。制定完备的法律制度是实现地方高校文化与地方文化互动发展的重要保障。美国为促进产学研协同创新制定的有关法律法规，为我们制定完备的地方高校文化与地方文化互动发展的法律保障提供了积极的借鉴。从19世纪美国产学研结合萌芽时期开始，美国政府为促进产学研合作制定了一系列法律法规。首先，从1862年的《莫里尔法》创造赠地学院系统开始，美国历史上第一次有组织地把基础研究、应用研究和应用技术研究有机地结合在一起。1965年的《高等教育法》确定了联邦政府对合作教育提供资助的独立条款。1980年的《史蒂文森 - 威德勒技术创新法案》和《拜杜法案》成为美国产学研合作史上最具里程碑意义的两项立法。其次，美国专利法的强化促进了产学研合作，对知识产权、生物技术专利、软件专利等都出台了相应的保护法案。再次，美国政府为鼓励企业加强研发、进行技术创新，陆续出台了相关法规。例如，1981年的《经济复苏税收法案》、1982年的《小企业技术创新进步法》等法律法规大大刺激了企业的研发投资热情。最后，美国政府不断用法规促进研究合作伙伴关系的形成。1984年的《国家合作研究法》等减少了合作进程的阻力。协同创新不仅得到充分的法律支持，也一直得到美国政府和领导人的重视和认可。2007年，乔治·沃克·布什（George Walker Bush）签署了《为有意义地促进一流的技术、教育与科学创造机会法》，其核心思想是加强基础研究和人才培养，提升美国的国家竞争力。2009年2月，奥巴马签署了《美国复苏与再投资法案》，催生了历史上最大的对基础研究的单笔投资。[1]我国政府主管部门应对现有的有关法律法规进行梳理，制定能够切实保障地方高校文化与地方文化实现互动发展的法律法规。

　　二是政府政策的支持是实现地方高校文化与地方文化互动发展的重要驱动力。作为掌握和控制公共资源的主体，政府如果能够"准确定位，充分利用自身信息优势，发挥其行政管理职能"[2]，就能更好地发挥其对地方高校文化和地方文化互动发展的驱动作用。政府有关部门理应充分认识到地方高校文化与地方文化的互动发展对促进地方高校的内涵建设和助推地域经济社会的政治、经济、文化等的协调发展的重要价值，在充分调研的基础上，制定切实可行的、彰显人文关怀的有关政策。政策的制定，应"确保政策的科学性和民主性，确保政策的稳定性，切忌'朝令夕改'，确保政策的延续性和长效性"[3]，使政府真正成为地方高校文化与地方文化互动发展的服务者、推动者。

①蓝晓霞. 美国产学研协同创新保障机制探析 [J]. 高等工程教育研究，2014（04）：146-151.

②马晓春，牛欣欣. 创业型大学：地方大学变革的新图景 [M]. 济南：山东人民出版社，2013：206.

①郭峰，韩延明. 从制度环境的视角探高校自主办学的路径 [J]. 大学教育科学，2015（06）：4-10.

三是校地协同创新是实现地方高校文化与地方文化互动发展的重要环节。地方高校文化与地方文化的创新发展是地方高校文化与地方文化互动发展的必然追求。科技发展的规律昭示着重大创新难以在某一领域实现突破，协同创新成为创新的内在要求。实现地方高校文化与地方文化的创新发展，理应顺应创新发展的这一内在要求，建立校地协同创新联盟。

（5）构建地方高校文化与地方文化互动发展的评价机制

评价是一种价值判断的过程，反映着地方高校文化与地方文化互动发展的价值取向。评价的目的是激励，是促进地方高校文化与地方文化的互动发展，是"务本"的评价。构建地方高校文化与地方文化互动发展的评价机制，理应强化发展性评价，进行多元评价，特别是要积极引入第三方评价机制。

一是要强化发展性评价。也就是说，要强化对地方高校文化与地方文化互动发展过程中的互动发展态势、互动发展方向、互动发展策略及互动发展过程中出现的问题的评价，这是基于对互动发展全过程的持续观察、记录、反思而做出的发展性评价。发展性评价的主要目的是明确互动发展过程中存在的问题和改进的方向，及时修改或调整活动计划，以期获得更加理想的效果，使行为主体从被动接受评价转变为评价的主体和积极参与者。

二是要进行多元评价。多元评价以建构主义理论、多元智能理论及地方高校文化与地方文化的互动发展理念为基础，强调以养成人文精神为根本的价值取向，坚持评价主体多元化、评价内容多维化、评价方法多样化。

三是要积极引入第三方评价机制。传统的评价体系，无论是对地方高校文化建设和发展的评价，还是对地方文化建设和发展的评价，主要是主管部门内部的评价，属于"自己评价自己"，缺乏有效的外部监督和制约机制，这就难以保证评价结果的客观和公正，公信度不高。汉朝王充说："知屋漏者在宇下，知政失者在草野。"引入第三方评价机制能够改变过去主管部门"自拉自唱"式的自我检查模式，能够有效提高考核的专业水平，从而达到监督效果。文化和旅游部办公厅主任张永新亦表示："公共文化服务是为老百姓提供服务的。提供得好不好，提供得怎么样，不是文化部门自己说了算，也不是文化单位自己说了算，要逐步让群众参与公共文化的评价和反馈机制。

比如，我们的评价体系当中要适当引入第三方，避免政府既当教练员又当运动员还当裁判员，我们让第三方对我们的公共文化服务进行评价。"

引入第三方评价机制要做到以下三点：第一，保障第三方评价机构的独立性，由第三方独立机构发挥专业人才和技术优势，对地方高校文化与地方文化的互动发展进行客观、公正、公开、透明的评价。这种评价模式不仅有助于发展和完善现行的评估体系，更有助于为行政部门有针对性地制定政策提供更加科学、准确的信息参考。这要求第三方公开、公正地去做客观的研究和评判，而不是成为地方高校或地域经济社会某一方的代言人。第二，建立科学的评价标准，充分发挥第三方评价机构的专业技术水平，拿出科学的评价方案，得出客观的、准确的结论。第三，合理定位第三方评价。第三方评价也不是唯一的、科学的评价，还应当与政府和地方高校的相关评价进行有机结合。

第五章　高校与地方历史文化的融合发展

—— 以洛阳师范学院与河洛文化为例

第一节　洛阳师范学院的历史与特色

洛阳师范学院（以下简称"洛阳师院"）是一所省属普通高等本科院校，位于千年帝都、牡丹花城——洛阳，文承河洛，底蕴丰厚。洛阳北依洛河，碧水东流，杨柳堆烟，流传着洛神宓妃的美丽传说；南望龙门，洋洋万佛，蜚誉寰中，绽放着世界文化遗产的璀璨光芒。洛阳师院的前身是始建于 1916 年的河洛师范学校，历经河南省立河洛师范学校、河南省立第四师范学校、河南省立洛阳师范学校、洛阳师范专科学校、洛阳师范高等专科学校诸阶段，2000 年升格为本科院校，定为现名。2007 年，学校以良好成绩通过教育部本科教学工作水平评估，2011 年获批教育硕士专业学位研究生培养试点单位。建校近百年来，一代代洛师人在长期的办学实践中，筚路蓝缕，艰苦创业，凝练成"敬业奉献、为人师表"的校训，形成了"厚德博学、励志笃行"的校风、"德以修己、教以育人"的教风和"勤学善思、知信达贤"的学风。近年来，学校获得"河南省文明标兵学校""河南省文明单位标兵""河南省思想政治工作先进单位""河南省普通高校毕业生就业工作先进单位"等荣誉称号。

学校占地 190 公顷，建筑面积近 74.5 万平方米，图书馆藏书 256 万余册，中外文期刊 5300 余种，各类型特藏文献 27 000 余册，是中国知识工程文献检索二级中心。学校建有"万兆主干、千兆桌面"的校园网络，是"河南省高等学校数字化校园示范学校"。学校现有马克思主义学院、文学院、历史文化学院、法学与社会学院、外国语学院、数学科学学院、物理与电子信息学院、化学化工学院、信息技术学院（软件职业技术学院）、体育学院、音乐学院、美术与艺术设计学院、教育科学学院、生命科学学院、商学院、学前教育学院、新闻与传播学院、国土与旅游学院、电子商务学院、食品与药品学院、国际教育学院、继续教育学院等23个学院，2个公共教研部，72个本科专业，涵盖文学、理学、工学、经济学、管理学、法学、历史学、教育学、艺术学、农学等10大学科门类，已发展成为一所教师教育和应用型人才培养并存、特色鲜明、优势互补、协调发展的综合性师范院校。

学校现有全日制在校生28 000余人，各类成人教育学生10 000余人。现有国家级教学成果奖1项、国家一流本科专业建设点6个、人才培养模式创新实验区1个、特色专业2个、精品课程3门、大学生校外实践教学基地1个、全国教育硕士专业学位研究生联合培养示范基地1个，省级特色专业和专业综合改革试点16个、一流本科专业建设点9个，国家级一流本科课程2门、省级一流本科课程38门、省级课程思政项目11项、教学团队6个、教学名师6人、虚拟仿真实验教学项目14个、高等学校优秀基层教学组织20个、河南省研究生教育创新培养基地7个。近十年来，学校获得省部级以上教育教学成果奖80余项，省部级以上教改项目立项50余项。其中，中学名师培养实验班被教育部确定为国家人才培养模式创新实验区。学校师资队伍结构合理、素质优良，把"人才兴校"作为战略来实施，现有教职工1900余人，其中高级职称人员600余人，具有博士学位人员500余人。教师获国家百千万人才工程人选、国务院特殊津贴专家、全国优秀教师、全国模范教师、教育部新世纪优秀人才、省优秀专家、省学术技术带头人、省高校科技创新人才等各类优秀人才称号200余人次。30余名教授被多所大学聘为兼职博士、硕士研究生导师，另聘有兼职教授、客座教授和外籍教师200余人。

在长期的办学历程中，洛阳师院始终强化办学的特色意识，积极实施"特色亮校"战略。始终坚持以服务基础教育为己任，坚持教师教育改革，探索教师教育的有效模式，努力提高人才培养质量。学校根植河洛大地，传承洛阳千年文脉，弘扬河洛文化精神，积极实施大学生素质拓展计划，努力提升大学生的综合素质，经过多年积淀，形成了"实施全程教育实习模式，培养高素质师资，服务基础教育"和"弘扬河洛文化精神，实施素质拓展计划，提升学生综合素质"的鲜明特色，为河南基础教育和地方经济文化发展培养了大批人才。

第二节　多视角看待河洛文化

河洛大地，历史悠久，很早就有人类在这块神奇的土地上繁衍生息。漫长的岁月，留下了丰富的古代文化遗存，其文化内涵之丰富包括各个领域。

一、地藏丰富，异彩纷呈

近代考古学在中国诞生后，众多重要的考古遗址相继在河洛地区被发现、发掘，大量的实物资料充分证明了河洛地区在中华文明发展史上的重要地位。

旧石器时代，河洛地区就是猿人生活的沃壤。豫西的灵宝市、三门峡市、汝州市等地都曾发现旧石器时代的文化遗存。新石器时代的古遗址遍布河洛地区，新石器时代偏早的裴李岗文化遗址在河洛地区的分布最为密集。中山寨遗址出土的有可能是用以校音的骨笛，是音乐史上的奇迹。新密市莪沟北岗遗址出土有我国目前发现的最早的陶塑人像珍品。河洛地区又是仰韶文化的故乡，郑州市西山遗址发掘的仰韶文化城址，是我国目前发现的最早的城址之一。郑州市大河村遗址出土彩陶2000余件，其太阳、月亮、星座、日晕等天象纹饰，对研究我国古代天文学的产生和发展尤其珍贵。汝州市阎村遗址出土的夹砂红陶缸上绘的鹳鱼石斧图是我国新石器时代画面最大，内容最丰富，技法最精湛的彩陶画。龙山文化时期的登封王城岗遗址是龙山文化晚期的古城址，城内发现有夯土建筑遗存，埋有人牲的奠基坑、青铜器碎片等。郑州牛砦、汝州煤山等龙山文化遗址发现有炼铜用的坩埚遗存，是龙山文化时期已开始冶铸青铜的见证。郑州洛达庙、偃师二里头等遗址的发现和发掘，使夏文化的探索取得了新的突破。在偃师市二里头遗址发掘出的一、二号宫殿墓基址，是迄今为止可以确认的我国最早的大型宫殿基址。偃师市尸乡沟一带发现了属于商代早期的城址，已经发掘出"四合院"式的宫殿建筑、两座城门，近期又发现了面积较大的内城，很可能是汤都"西亳"之所在。在郑州市发掘的郑州商城可能是"帝仲丁迁于隞"的隞都。郑州商城西北的小双桥遗址，发现有属于郑州商城晚期的王室宗庙祭祀遗址。

两周考古，河洛地区出土的遗迹、遗物甚为丰富。墓葬、车马坑、铸铜作坊遗址、青铜器窖藏坑被大量发现。其中，洛阳北窑西周铸铜遗址规模巨大，是周王室设立的一处重要的官营手工业作坊。三门峡市上村岭虢国王室贵族墓地出土各类珍贵文物数万件，其中出土的西周晚期的一把铜柄铁剑是我国最早的人工冶铁实物。洛阳东周王城经勘察和发掘，其布局和内涵基本被弄清，城址内发现的大面积的战国粮窖群，是我国保存下来的最早的大型地下粮仓。尤为重要的是，为配合洛阳市河洛广场的建设而进行的考古发掘，于东周王城的东半部首次发现了东周王陵区和罕见的"天子驾六"大型车马坑，令学者关注洛阳，令世人惊叹于此发现。汉代，河洛地区经济繁荣，巩义市铁生沟村、郑州市古荥镇均发现了大型冶铁遗址，其冶铁技术处于当时世界领先地位。汉魏洛阳故城经勘察和发掘，发现其城垣、门阙、宫殿、永宁寺塔基、灵台、明堂、辟雍、太学等建筑遗迹保存基本完好，其单一宫城、中轴大街、里坊制度等新的建筑思想为以后历代都城建筑所沿用。

隋唐洛阳东都城的考古发掘收获甚丰，发掘了著名的含元殿——明堂遗址、宫城内的乾元门遗址及九州池范围内的亭台楼阁建筑。尤其引人注目的是，在洛阳唐东都履道坊发掘了白居易故居，发现了与白居易有关的带铭文的石经幢等。隋唐洛阳东都含嘉仓城的发掘，为我们提供了 1000 多年前我国大型粮仓的实例，其特殊的储粮措施、各种记录和管理制度，对我们今天仍有借鉴作用。此外，烧制珍珠地刻花瓷的新密西关窑，烧制唐三彩的巩义黄冶窑遗址的发现与发掘也是隋唐考古的重大收获。

洛阳市中州路南侧发掘出一座宋代衙署庭院遗址，对研究和复原宋代官府建筑有重大价值。清凉寺发现了宋代五大名窑之一的汝窑遗址，并出土了一些窖藏汝窑瓷器，基本解开了汝瓷烧造这一难解之谜，是我国陶瓷考古中最重大的发现。

二、才雄代出，各领风骚

代表人类文明的第一声吟唱，就与河洛文化有关。《诗经》是周代礼乐文化的产物，是中国古代第一部诗歌总集，《诗经·国风·周南》里大部分作品就源于河洛地区，其中《关雎》更是历经千古将河洛人的情思传诵至今。用人杰地灵来比喻河洛地区的文学繁荣一点不为过。"汉魏文章半洛阳"足以证明河洛文学在当时的地位和影响。西汉初年，政论家、文学家贾谊，18岁即有才名，年轻时由河南郡守吴公推荐，20余岁被文帝召为博士，不到一年被破格提为太中大夫。他的《过秦论》被誉为"西汉鸿文"，文采飞扬，大气磅礴；他的《吊屈原赋》和《鹏鸟赋》，代表了汉代骚体赋创作的最高成就，颇富哲理，情感激越。后人赞其曰："终童山东之英妙，贾生洛阳之才子。"洛阳才子最初专指贾谊，后泛称洛阳有文学才华的人。

广为流传的千古佳话"三班洛阳著《汉书》"，即班彪勾勒雏形，班固奉旨修书，班昭补编在后。《汉书》最初为帝王家谱，后成后世官家著史的典范。就文学而言，班固的《两都赋》首扬东都，张衡作《二京赋》"精思傅会，十年乃成"，《二京赋》以规模宏大被称为京都赋之极轨，紧随班固之后，推动了以京都、都会为题材的文学创作的发展。蔡邕擅文章，行文清丽典雅；王充正文风，批判虚伪浮靡。蔡琰写《悲愤诗》和《胡笳十八拍》，才女饱蘸血泪；赵壹作《刺世疾邪赋》，诗人怒发冲冠。

建安时代，曹氏三父子均雅好文学，且以他们为中心，形成了邺下文人集团，包括"建安七子"在内的很多有志向、有学识的作家的加入，让文学之风大畅。虽然他们的多数作品并不是在洛阳所作，但其文学创作中与洛阳关系密切的佳作并不在少数，这是因为他们本人的政治活动都与洛阳有不解之缘。比如，曹操笔下描写了洛阳满处疮痍战乱场景的《蒿里行》和《薤露行》。又如，"建安七子"之一的孔融，也成名于洛阳，活动于洛阳。而写下令无数后人黯然销魂的《洛神赋》的曹植，其《送应氏》《赠白马王彪》两篇名作的产生均与洛阳有关。"竹林七贤"和"金谷二十四友"后来齐聚洛阳，他们的为人各有风流，文章各具风采，在河洛大地留下无数瑰丽华章，也让洛阳成了文学艺术荟萃之都。左思闭门于宜春里，构思超过 10 年，《三都赋》的问世使得"洛阳纸贵"。善写哀诔之文的潘岳，风韵清丽，开中国古代文学史上"悼亡"文学之先河。从"乐不思蜀"到"司马昭之心，路人皆知"，河洛文学长河里还有无数典故、传说，装点着人们的文化记忆；从陆机的《洛阳记》到杨衒之的《洛阳伽蓝记》，文学家以他们特有的手笔描绘着古都洛阳的辉煌。

地因人显，人得地灵。到了唐代，盛唐诗坛双子星的初次相会就是在洛阳，李白、杜甫的珠联璧合，是中国古代文学史上的一段佳话；而中唐白居易的幽居履道里，刘禹锡的闲住铜驼陌，以及洛中的李杜二人唱和，又续写了诗坛佳话。韩愈于东都教学，贤才广聚，后进提携，视洛阳为自己的故乡；杜牧于东都科考，折桂是因才华横溢，垂名是因文思泉涌。洛阳是这一切开始的起点。这些寓居洛阳的诗人中最具代表性的人物，毫无疑问非白居易莫属。他客居洛阳长达 18 年之久，就像挚爱自己的家乡那样，他的足迹处处都有，他对洛阳的描写处处可见。在他留下的 3000 多首诗里，有 800 余首讴歌洛阳的诗歌。唐代文学中，生于河洛、长于河洛、创作于河洛的众多文坛巨匠，是最值得河洛文学骄傲的。比如诗圣杜甫，20 岁以前一直生活在洛阳，他的性情品质被河洛文化陶冶了，"三吏""三别"则写在他最后一次告别洛阳的途中，史称"诗史"，杜甫也因此登上了"诗圣"的巅峰。古文运动的先驱者诗豪刘禹锡、中唐大才子元稹、唐文学家独孤及、诗人卢仝等一个个闪烁在洛阳星空上的巨星，都为河洛文学繁荣发展做出了重要贡献。

北宋承唐的西京洛阳吸引了众多文人才子逗留于此，也成了开国元勋的功成身退之所。比如，四朝元老吕蒙正，文坛领袖欧阳修，主持编纂了中国历史上第一部编年体通史《资治通鉴》的司马光，一心为国的宰相富弼，以及历事仁宗、英宗、神宗、哲宗四朝，出将入相 50 年之久的宋朝第一名相文彦博，等等。他们在洛阳流传下来许多诗词名篇，为北宋前期文字的繁荣发展做出了巨大贡献，这些诗篇都是些才华横溢、举世闻名的人们以诗会友的产物。

三、济济史家，赫赫史册

长期处于政治、经济、文化中心位置的河洛地区，史学传统自然非常发达，可谓济济史家，赫赫史册。在史学萌芽阶段的夏商周时期，国家机构中专门设立史官，"左史记言，右史记事"①。他们记录以往的历史和当代事件、言论并掌握各种档案资料。夏有孔甲、终古；商有向挚、辛甲；周有史佚、史豹、史伯等。东周时著名的学者老子也是周朝的史官。安阳殷墟出土的甲骨卜辞上，已有年、月、日、地点等记录，虽然很简略，但已经属于历史记载的萌芽状态。成书于商末周初的《周易》，将自然与人事以独特的视角有机结合起来，用一系列完整的符号系统和独特的辩证思维方式，为后人提供了洞悉古今人事和社会发展规律的理论依据。周公非常注重对历史经验的总结："我不可不监于有夏，亦不可不监于有殷。"他总是将现实与历史经验联系起来，从中吸取经验教训。这种以史为鉴的思想是我国古代史学观的重要组成部分。

东汉时期，汉明帝调集史官在洛阳兰台、东观，集体编纂史书《东观汉记》，集几代史家心血，历时一百多年编修而成，是我国最早的一部官修史书，因其为当代人记当代史，所以史料价值相当高。东汉班固自幼随父在洛阳求学，16 岁入太学学习，博览群书，穷究九流百家之言，明帝时任兰台令史。他一面撰修《东观汉记》，一面继承父业撰写《汉书》，历时二十余年基本完成。班固殁，其妹班昭、同乡马续在东观续写《汉书》的八表和《天文志》。汉书以其"包举一代""上下洽通，详而有体"的特点成为历代纪传体断代史的模本。汉献帝时河南许昌人荀悦在洛阳以《汉书》为蓝本，改纪传体为编年体，成就了编年体断代史《汉纪》，完善了编年体的写作形式。河南项城人应劭撰写的关于东汉社会风俗制度的著作《风俗通义》，也含有大量有关洛阳的内容。

魏晋时期活跃在洛阳的史学家们的视野更加开阔。"前四史"之一的《三国志》，是西晋著作郎陈寿在洛阳撰写的。他首创纪传体分国记事的体例，将魏、蜀、吴三国的历史集于一书，同时又不拘泥以王朝断限，保证了历史

① 班固. 汉书 [M]. 北京：中华书局，2007.

事件和人物活动的先后联系性和完整性。北魏时，长期在都城洛阳为官的郦道元，系统地对《水经》进行了注释，写成了《水经注》。全书共40卷，30多万字，详细介绍了中国境内1000多条河流，以及与这些河流相关的郡县、城市、物产、风俗、传说、历史等。还记录了不少碑刻墨迹和渔歌民谣，是中国古代较完整的一部以记载河道水系为主的综合性地理著作。不仅如此，《水经注》文笔雄健俊美，既是古代地理名著，又是优秀的文学作品，在中国长期历史发展进程中有过深远影响，明清以后不少学者从各方面对它进行了深入细致的专门研究，形成了一门内容广泛的"郦学"。

北宋时期，洛阳与东京汴梁相互辉映，将河洛史学推向辉煌。北宋政府十分注重当代史的编撰，京都汴梁史官机构空前完备，分类详细。官府组织人员编修了《太平御览》《文苑英华》《册府元龟》等大型类书，保存了大量的珍贵史料。西京洛阳丝毫不逊色，云集了一批文化巨匠，如邵雍、程颐、程颢、司马光等，他们使洛阳成为当时的学术与文化中心。司马光客洛十五载，主持编撰了卷帙浩大的不朽史著《资治通鉴》，该书记载了1362年的历史，是我国史学史上第一部编年体通史，它打破了纪传体史书独尊正史的局面，以宏大的体制、丰富的内容、严整的义例、生动的语言在中国史学史上立起了一座丰碑。

四、礼乐肇始，汉唐盛继

凭借特殊的历史背景和深厚的文化底蕴，洛阳同样造就了高起点的古代音乐文化形态，创造了古代音乐文化气象万千的局面，形成了古代音乐文化具有历史连续性的传承系统。尤其是两周、两汉、隋唐时期，更以其卓越的表现在古代音乐艺术史上矗立起一座又一座的高峰。

两周时期是洛阳古代音乐文化的第一个高峰。以礼乐制度为核心的周文化，使洛阳古代音乐真正开始形成一个有代表性的系统。音乐一经纳入礼乐制度，就获得了前所未有的主流文化地位，并成为王权制度的形象化展现。比如近代在洛阳的两周遗址中，屡屡出现的大量青铜编钟及诸多的编磬，作为三千年前礼乐文化精神的物质遗存，典型地展示出周代礼乐文化的历史内涵和文化力量。周公于王城"制礼作乐",将乐舞、政治和伦理相结合并推向了极致,殷商时期那种浓厚的巫术宗教色彩减少了,人类社会和人本身的地位得到了肯定。礼乐制度巩固了等级分明的西周社会,同时也发展了音乐文化,出现了中国历史上第一个完备的音乐机构,创始并完善了以《六代乐舞》为内容的宫廷雅乐体系,原始乐舞到宫廷乐舞的演化得以完成,中国古代奴隶制社会音乐的发展达到顶峰。礼乐制度建立起的音乐文化对中国后世几千年封建制度和音乐传统产生了极其深远的影响。

两汉时期是洛阳古代音乐文化的第二个发展高峰。两汉深刻的社会变革使传统音乐的社会地位和表现形态发生了变化,也使洛阳的古代音乐文化进入一个波澜壮阔的新时代。通过对先秦乐舞艺术精神的汲取与继承,对四夷音乐文化的借鉴与融合,汉代音乐创造了异彩纷呈、气势宏大的新的音乐形式,形成了雄阔浑朴、恢宏浪漫、自由率真、雅俗交融的艺术风格,取得了辉煌的音乐文化成就,成为中国古代音乐文化史上的又一座高峰。这一时期,角抵、歌舞杂乐、杂技和幻术等多种艺术形式汇聚在都城洛阳,乐舞百戏,乐事隆盛,音乐成为社会生活的重要组成部分。《后汉书》记载:东汉时,在每年初一,皇帝接受朝臣和蛮、貊、胡、羌等少数民族的朝贡时,都要在德阳殿前作"九宾三乐",也就是管弦齐鸣、钟鼓交作、声势浩大、丰富多彩的乐舞,场面十分壮观。四夷乐舞齐集洛阳的盛况,录于班固的《东都赋》、张衡的《二京赋》,他们将西安、洛阳二京当时种类繁多、场面宏大、千姿百态、优美惊险的百戏演出描绘得跃然纸上。洛阳汉代古城遗址出土的大量墓室壁画和汉代百戏乐舞俑,则更加真实地呈现了汉代百戏乐舞的烂漫奇异、绮丽华美,更加充分展现了洛阳绵延四百余年的乐舞风韵,更加集中地体现了汉代音乐兼收并蓄、雅俗交融的时代精神。

隋唐是洛阳古代音乐文化发展的第三个黄金时代。洛阳是当时全国的政治、经济、文化中心,所以无论是宫廷雅乐、民间俗乐还是宗教音乐,都统统汇聚到洛阳的壮丽景观之中。其中,代表隋唐音乐艺术的最高成就的是宫廷音乐。史料记载,隋炀帝定都洛阳后,大力恢复教坊音乐,并改"七部乐"为"九部乐";至唐代,"十部乐"以海纳四方的形式,建立起中国古代音乐史上绝无仅有的一个宏大的乐舞体系和宫廷音乐体制，同时也体现出超越两汉乐舞的更宏大的气象。唐代帝王都雅好音乐。唐高宗在洛阳曾作《上元乐》；武则天在洛阳称帝，作《圣寿乐》《长寿乐》《鸟歌万岁乐》等多部乐舞，颇具规模；唐玄宗作曲的《霓裳羽衣曲》，是唐朝大曲中的精品，是唐歌舞的集大成之作，更达到了唐代浪漫主义乐舞艺术的顶峰。隋唐音乐以其形式之多、内容之全、种类之繁、分类之细、风格之新、技艺之高、气魄之大取得了令人惊喜的巨大成就，而在洛阳隋唐遗址出土的大量音乐文物中，这一切均得到了最为切实的体现。无论是品位高雅的乐舞铜镜，还是诗意盎然的乐舞雕砖，无论是绚丽多彩的唐代乐舞陶俑，还是惊世骇俗的龙门石窟艺术雕塑中存留下来的乐舞图像，都充分展示着隋唐乐舞辉煌的历史，折射出隋唐时期的洛阳地区音乐文化的空前盛况。

综上可见，河洛文化源远流长，内涵丰富多彩，涉及哲学、文学、艺术、音乐、建筑、民风习俗等诸多方面。河洛地区先民们创造的河洛文化是中华文明的摇篮文化，是以中原文化为代表的黄河文明的核心和起源，是数千年来的中国传统文化的主体，在中国古代文化史上占有十分重要的地位。

第三节　洛阳师院弘扬河洛文化的主要路径

地方高校不仅要为地方经济发展服务，更要承担引领地方文化发展的重任，这是时代赋予地方高校的新的历史使命。地方高校必须积极探索地方文化建设的新渠道、新机制，努力承担引领地方文化发展、促进地方文化创新的历史使命。洛阳师院充分发挥区域优势，结合"特色办学"的宗旨，在弘扬地方传统文化方面走出了自己的路子。

一、设置相关课程，培养河洛文化的专门人才

历史的沿革就是文化的传承，文化传承的主要渠道在于教育教学。世界各民族、各地区的发展无不验证着这个事实。大学生尽管身在校园，但所属地方的风土人情必定会影响他们的情感所属，他们在上学期间甚至是毕业

之后仍会将自己大学所在地域纳入自己的情感包容之中。他们会关注这一地方的发展变化，会为它的成绩感到骄傲，也会为它建设上的不足感到沮丧，甚至一些大学生之所以报考本校是出于对高校所属地区历史文化的向往与崇敬。正是由于这种现实，与学生生活环境密切相关的地方历史文化极易引起属地大学生的思想情感共鸣，它既是大学生文化素质教育的重要资源，也是大学生文化素质教育的切实可行的途径。洛阳师院从 2001 年开始，利用周末面向全校学生开设公共选修课。在 354 门选修课程中，有人文社科类课程151 门、艺术类课程 36 门、体育类课程 20 门，其中"河洛文化"等中国传统文化方面的课程有 40 门。文学院开设的"河洛古代文学概览""洛阳历代文选"课程，美术学院开设的"豫西民间剪纸""河南古代文化遗存"和独具特色的"河洛画风"课程，音乐学院学生编排的舞蹈《国色天香》和曲艺"河洛大鼓"等，彰显了浓郁的地方文化特色。洛阳师院教务处和校团委2003 年联合开办了"河洛大讲堂"，每周开讲一次，这是帮助大学生了解河洛、了解历史、弘扬华夏文明的一个成功尝试。为了有序管理，学校为学生制作了"听课卡"，用以记录学生听讲情况，并在"河洛星辰"网站设立"河洛大讲堂"子站，编辑了第一集《河洛大讲堂》，刻录了 160 余张讲座光盘，扩展了"河洛大讲堂"的覆盖面，产生了良好的品牌效应。

二、搭建科研平台，发掘河洛文化的多重价值

《洛阳师院学报》开设"河洛文化研究"专栏（1991 年之前为"河洛春秋"栏目），一直以发掘与弘扬河洛文化、促进学术繁荣为己任，长期刊载有关河洛地区历史、考古、哲学等方面研究的文章，并取得了较好的反响，刘庆柱、李伯谦、齐东方等先生就曾赐稿该栏目。2010 年，该栏目被评为"全国优秀社科学报特色栏目"。洛阳师院于 2002 年 7 月成立了"河洛文化国际研究中心"，目前有河洛文化研究中心、河洛文化资料中心、河洛文化教育中心三个研究机构，16 位专职研究人员，其中教授 6 人，副教授 10 人。近年来，在校领导的大力支持下，洛阳师院整合历史、文学艺术、哲学等各方面的人才，聘请了一批具有很深造诣的国内外专家，初步形成了中心

自己的特色和优势，即重点开展河洛文化资料收集整理、文化研究和文化育人工作。近年来，中心研究成果显著，且被相关领域专家评价为河洛文化研究选题好、基础好，研究方向清晰、定位准确。这些研究成果从文学、哲学、历史等不同视角，系统、详细地介绍和研究了河洛文化，成为与学报遥相呼应的服务文化建设和打造学校特色的有效平台。

2005 年，"河洛文化国际研究中心"被批准为河南省第二批普通高等学校人文社会科学重点研究基地，河洛文化研究成果引起了海内外专家的极大关注。《周易》哲学与河洛文明学术研讨会、河洛文化国际研讨会等大型学术会议相继成功召开，有力地推动了洛阳师院河洛文化的研究。

三、创新服务途径，开发河洛文化的宝贵资源

1. 图书馆特色馆藏建设

美国教育家丹尼尔·C. 吉尔曼（Daniel C. Gilman）有句名言，"教授是大学的灵魂，图书馆是大学的心脏"。良好的教育、高水平的教学工作没有良好的文献知识资源保障是不可能的。洛阳师院的图书馆前身为河南省河洛道师范学校图书馆，于 1923 年设立。截至 2010 年 12 月底，学校共有各类文献 202 万册（件），其中纸质型文献 180 万册，电子文献 22 万册。经过近年来的不懈努力，图书馆的特色馆藏质量明显提高，数量不断丰富，2000 年以来，累计征集河洛地区墓志、石刻艺术品 600 余件，碑、志、铭刻拓影 2500 余件。2004 年图书馆开始申报立项建设"河洛文化文献专题数据库"，现已拥有著作、书目、论文全文、拓影、器物照片等数据 30 000 余条。最近又建成了"河洛古代石刻艺术馆"。图书馆将以新馆建成为契机，敬业奉献、安位守责，努力营造畅通的借阅路径、富有人文关怀及审美情趣的读书环境。馆内的"河洛古代石刻艺术馆""洛神厅""河洛之光厅""华夏文明厅"形成了洛阳师院所处地域的特色文化长廊，体现了学校图书馆"让文化与教育并肩""读书与文明同行"的两个文化目标。

2. 河洛文化文献专题数据库建设

洛阳地处河洛文化中心，文献资料十分丰富，目前限于条件，大都处于

封闭式保护状态。特藏史料采用数字化技术制成数据库，对于开发和保护地方文化遗产，促进地方文化、经济的发展具有重要意义，对于提高河洛文化在海外华侨心目中的地位、增强中华民族凝聚力具有重要作用。

第一，特色文献资源的挖掘与开发。2005年开始建设的"地方文献数据库"收藏1800多种、11 000多册极具地方文化特色的线装古籍，收藏350余方魏、隋、唐、宋、明、清珍贵墓志，42 000余条河洛文化专题研究文摘、全文数据库，近万条金石拓本叙录。牡丹研究、洛阳民俗、河洛史志、客家文化研究等专题数据也已相继整理完成。

第二，特色化馆藏与特色化服务。把河洛文化资料中心作为大学生进行优秀传统文化教育和提高大学生人文素质的教育基地来建设，可以让学生参与河洛文化资料中心建设，并加深对河洛文化的了解和认识。为此，图书馆以"河洛文化资料中心"为平台，建立了"河洛文化大讲堂"，定期举办河洛文化讲座和组织河洛文化学术交流活动，以"河洛古代石刻艺术馆"为历史文献学堂教学中心基地，进行河洛文化的考古和研究。学校也利用河洛文化对学生实施传统文化和人文教育，并利用图书馆特色资源优势建立了研究性的教学模式。一是学生积极参与研究，在研究中学习，在研究中成长，养成独立思考的能力；二是教师把研究河洛文化的思想、方法和取得的新进展引入教学活动；三是教师以研究的形式，结合特色资源组织教学活动，打破原有的固定的学科逻辑和机械的顺序；四是在研究中建立民主、和谐、文明的师生关系。

第三，建立"学科知识服务团队"支撑学科建设，开展个性化服务。学科相关专业的交叉性、学科专业性较强是大学生、硕士生、博士生和社会上的研究人员对河洛文化文献信息的需求特点，读者到河洛文化资料中心，希望得到及时准确的专业性文献信息指导。为此，学校组建了一批为读者提供深层次对口服务的，由专业能力较强的图书馆员组成的"学科知识服务团队"。这种机制可以让读者的信息需求得到最大限度的信息满足，大大方便了读者，而且有利于河洛文化文献信息的深层开发利用。

第四节　洛阳师院弘扬河洛文化的成效分析

一、人才培养之业绩

1. 弘扬河洛文化精神，建设高雅校园文化

学校坚持文化育人和环境育人，将河洛文化融入校园文化建设，打造校园特色文化，对大学生进行传统文化熏陶。学校的校标，"敬业奉献、为人师表"的校训，"厚德博学、励志笃行"的校风，"德以修己、教以育人"的教风和"勤学善思、知信达贤"的学风，充分体现了河洛文化的优秀品格。学校的校歌"九朝古都文明之源，太学精神薪火相传，为人师表敬业奉献，树蕙滋兰春满园；河洛学子志在高远，博学慎思知信达贤，求实创新自强行健，龙门飞跃翔九天"，言辞优美雅致，文化底蕴深厚。学校在图书馆建设了"河洛地区古代石刻艺术馆"，定期向学生开放，馆内悬挂了大型"清香溢远"图、《洛神赋》和《东京赋》，在"华夏文明"厅、"河洛之光"厅，分别设计了反映华夏文明源远流长的仿紫铜壁画和恢宏大气的"河洛之光"仿紫铜壁画，营造了浓厚的河洛文化氛围。学校将道路命名为"拙耕路""厚德路""明德路""博学路""映雪路""集贤路""睿明路""立雪路""问礼路""修远路"，增添了校园的历史底蕴和文化氛围。"根在河洛"石刻，让学生时时刻刻感受河洛文化在中华文明史中的根脉性、核心性。《洛阳师范学院学报》"河洛文化"专栏，《学生手册》中"河洛诗简""河洛典故""河洛文化小知识"内容，校园网"河洛文化"专题网页，学生自编的刊物《新新青年》《河洛纵横》等，都在弘扬和传承河洛文化。河洛文化国际研究中心秦艳培老师撰写的《中原文化与高校校园文化建设》，对弘扬河洛文化传统，进行高校校园文化建设提出了有效的建设性意见。学校在校园文化建设上彰显河洛文化特色，潜移默化中对学生的文化熏陶发挥了重要作用。

2. 寻访名人故里，传承河洛文化

洛阳师院根植河洛大地，传承洛阳千年文脉，弘扬河洛文化精神，积极实施大学生素质拓展计划，努力提升大学生的综合素质。学校的各个教学院系长期坚持"格物致知""学以致用"的河洛文化的实践精神，每年都要组织学生进行"寻访名人故里，传承河洛文化"活动。比如，2012年洛阳师院国学班秉承"高举团旗跟党走，建功中原经济区"的活动主题，依托河洛地区丰厚的传统文化底蕴，发挥相关社团的群体优势，7月14日起在洛阳市孔子入周问礼碑处举行了"重走孔子游学路，传承国学志非凡"的启动仪式，踏寻先辈遗履，从孔夫子入周问礼处出发，经商丘、泰安而达曲阜，以孔庙为终点，沿途开展传统文化宣讲、国学经典诵读、儒家源流考察等活动。在曲阜，他们拜访了孔子七十二代孙孔宪鹤老先生，国学班同学身着汉服，在孔老先生的带领下，先后参观了金声玉振坊、棂星门、杏坛、大成殿等文物古迹，详细聆听孔老先生讲解文物古迹的渊源。在大成殿，国学班同学向至圣先师像行拜师礼，诵读《论语》中的经典篇章。在杏坛，国学班同学宣誓，效先圣之行，秉承"学而不厌"的求学精神和"诲人不倦"的育人精神，谨遵"为人师表，敬业奉献"的校训，尽心尽力传道、授业、解惑，表达了他们一心一意做学问，立志为教育事业奉献的坚定决心和志向。国学班学生还在杏坛前举行了游客签名活动，向游客进行国学知识宣传，游客们纷纷表示对活动的支持和对同学们弘扬传统文化的赞赏。此次对传统文化寻根溯源的实践活动，让当代大学生在走访、学习和宣讲的过程中加深对中国传统文化的认知，用传统文化的优秀理念引导大学生成长为德才兼备的社会主义事业的优秀接班人，让传统文化教育的种子在此次活动中播撒到更加广阔的地区、惠及更多群众。

2013年7月8日，历史文化学院再次发起了暑期社会实践调研队，在几位老师的带领下，同学们前往洛阳市伊滨区诸葛镇司马村司马光故里参观调研。在司马村洪恩寺，几位村干部、潜心研究司马光故里的老先生与调研队进行了交流。面对城镇化建设和文物保护的矛盾，带队老师提出了借鉴上海七宝古镇模式的设想，指出可以借势、借位、借力，打造品牌，建议多搜集

宋代文献来确证独乐园遗址的位置。双方还就司马光研究、独乐园项目的规划等进行了探讨。该村退休教师许庆西详细介绍了他们几十年来搜集的各种线索资料，带领调研队参观了司马光纪念馆，走访了独乐园遗址。2007 年，司马村荣膺"中国名园名村"称号。2011 年 11 月，独乐园成为洛阳市第三批文物保护单位。通过此次活动，同学们深刻认识到了在城镇化进程中重视历史文脉保护的重要意义，增强了传承创新河洛文化的责任感和使命感。

3. 民俗文化调查，提升学生综合素质

民俗文化是传统文化的活态存在，深入各地进行民俗文化的田野调查，是民族学和民俗学研究的基础。民俗文化的调查研究与保护利用，从理论走向实践，是文化强国的形势要求和社会需要，更是本科师范大学生应该具备的综合素质之一。洛阳师院始终坚持以服务地方基础教育为己任，坚持教师教育改革，探索教师教育的有效模式，努力提高人才培养质量，经多年积淀，形成了"实施全程教育实习模式，培养高素质师资，服务基础教育"和"弘扬河洛文化精神，实施素质拓展计划，提升学生综合素质"的鲜明特色。学校的各个院系开展了形式多样的综合能力拓展训练，在弘扬河洛文化方面，文学与传播学院可谓具有"得天独厚"的优势。2004 年 8 月，中文系社会实践分队开展民俗文化调查活动。在三天的行程中，队员们不顾阴雨连绵、道路泥泞来到宜阳花果山、李贺故里、汉光武庙、五花寺，寻古寺、觅残碑、访老者、观壁画，搜集当地民俗风情、民间传说、古音方言等资料，遍访河洛古迹，探寻中国民俗文化的足迹。据了解，此次活动以"弘扬河洛文化，传承华夏文明，寻访文化古迹，调研民俗民风"为主题，为该院的河洛文化研究提供了丰富的第一手资料。同时，活动也培养了大学生结合专业分析研究问题的能力。

4. 实施"博学计划"，培养大学生人文素质

学校弘扬"博学"精神，立足河洛文化经典，吸纳众多文明成果，积极实施"博学计划"，提高学生人文素养。学校在 1996 年开始的"大学生人文素质讲座"的基础上，于 2003 年挂牌设立了"河洛大讲堂"，每周开讲一次，先后进行了 170 余场讲座，李学勤、冯其庸、杨叔子、潘懋元、刘墉、

二月河、孙立群等 100 余位文化、科技教育界的名家名人应邀前来开讲。在"通才教育"理念占据教育哲学主导地带的时代，对于人才培养和教育而言，讲座是不可忽视的培养和塑造手段。指导性讲座能引导学生养成健康的生活方式，给他们以切实的人生指导；学术性讲座能开阔大学生的视野，是发掘他们学术兴趣增加他们学术功底的第二通道，更能让他们广泛涉猎各学科知识，对于学生知识结构的优化和综合素质的提升有无可取代的作用。

洛阳师院除了经常邀请学界知名专家到校进行河洛文化的学术讲座，还联合洛阳市团委等主办"文明河洛大讲堂"系列讲座，在通俗性、系统性上与校外专家相呼应。比如，2012 年 3 月 29 日下午，国内知名教育家、评论家、洛阳师院老校长叶鹏走进"文明河洛大讲堂"，为广大师生讲述"礼乐文化与洛阳"。叶鹏教授从河洛文化的含义、洛阳文化渊源、礼乐文化的含义及内容、洛阳应以何种文化引导大家等四个方面讲述"礼乐文化与洛阳"。叶鹏教授认为，以礼乐文化为核心的周文化可以称为洛阳文化的灵魂。礼乐文化起源于原始祭祀，礼即社会秩序，乐即人间和谐。礼乐文化是将社会管理纳入人情、人道之中，乐是为了和谐，能使整个教化具有审美品格，讲礼乐，就是为了告别争斗，社会只有在和谐的环境中才能发展。我们应该消除长期以来对礼乐文化的误解，使古人创造的文化发挥良好的作用。礼乐文化也是华夏民族优秀的内涵，孔子一生追求礼乐文化，主张克己复礼。我们现在也应该抓小事，下大力气，上高境界，让礼乐文化成为洛阳市的文化魅力，成为每个市民的文化素质，对远方来客产生凝聚力、吸引力，也为城市风貌增添色彩。说到以何种文化引导大家，叶鹏教授举例说明，白马寺不仅应宣扬佛教，更应宣扬汉唐那种开放、包容的气度。现在白马寺的西部已建设外国寺院，显示出当时的兼容并包的态度。欢迎外来文化才可以使本国文化更加繁荣；龙门石窟，不仅可以展示佛教文化、石窟艺术，还可展示大唐风度、恢宏气象；关林庙可以从民族的角度、民俗的角度、诚信经商的角度出发来宣扬文化。通过这样非常接地气的讲座，学生明白了弘扬河洛文化的一个现代意义就是应该珍惜礼乐文化，让我们自己变得更加有文化，成为文质彬彬的人。

二、学术研究之成就

洛阳师院是一所地方师范院校，如何构建一个具有地方特色的教育体系，这既是地方师范院校的共性问题，也是学校发展的个性问题。"大学之道，在明明德"，师范教育的任务是培养传承和创新人类优秀文化的教育人才，这就要求师范院校一定要注重和善待文化传统与传统文化。河洛文化博大精深，源远流长，为学校提供了得天独厚的文化资源。在长期开展河洛文化研究的基础上，洛阳师院于 2002 年 7 月成立了"河洛文化国际研究中心"，立足于洛阳地方优势，整合利用洛阳师院的研究资源和科研队伍，积极有效地吸纳社会资源和科研力量，旨在继承和弘扬优秀民族文化传统，推动河洛文化研究向纵深发展。"河洛文化国际研究中心"的专家在总结前人的研究成果基础上，从学校所在地洛阳所具有的历史、文化、地理等资源优势出发，对河洛文化进行了深入的研究。

在加强自身建设的同时，"河洛文化国际研究中心"不断加强对外宣传，建有河洛文化专题网页，先后承办河洛文化国际研讨会、洛阳师范学院石刻艺术国际研讨会等会议。刘庆柱、李伯谦、冯其庸、阎守诚、杜文玉、宁欣等知名专家学者先后到中心访问、讲学。2005 年 9 月，"河洛文化国际研究中心"被批准为河南省第二批普通高等学校人文社会科学重点研究基地。

三、服务社会之成效

1. 民间非物质文化遗产的调查、保护和研究

河洛大鼓，原名"鼓碰弦""洛阳大鼓"，1952 年改称并沿用至今，取河南洛阳大鼓之意。河洛大鼓入选为国家级非物质文化遗产代表性项目前后，洛阳师院围绕其保护和传承做了许多有益的工作。洛阳师院刘英丽的《从文化生态视角看河洛大鼓的兴衰与重振》《"河洛大鼓"艺术发展的制度保障》，以及林乐飞的《传统表演艺术文化遗产保护和传承中的问题与对策——以河南洛阳河洛大鼓为例》，借用文化生态学的方法论，对河洛大鼓兴衰历史中的诸多要素进行考察，以期通过对其兴衰因由的考察，引发社会对振兴

河洛大鼓的深层思考。音乐系教授马春莲多次到河洛大鼓起源地——偃师进行调查，对这一曲种起源、历史、习俗，以及河洛大鼓所使用的乐器与组合、表演特点、"愿书"实录、河洛大鼓的开场音乐表演实录、艺术风格等方面进行了调查。她撰写的《河洛大鼓的音乐形态探析》《谈河洛大鼓的艺术风格与其文化生态的变迁》《"河洛大鼓"传承方式初探》等，使我们对河洛民间音乐戏剧生态有了较全面、真切、直观的认识。郭可悫的《汉魏西晋北魏时期洛阳的音乐舞蹈百戏》《曹魏河洛地区的竹林七贤与音乐》等侧重汉魏时期音乐文化的专项研究。以上这些学术论文对洛阳地方音乐申遗工作而言无疑是重要的实证资料。

民间体育是一个地区社会文化生活中很重要的一种形式，但在民间处于自生自灭、自发自乐的状态。洛阳师院体育学院董顺波的《河洛民俗体育研究》、张文普等的《河洛文化中民间民俗体育的开发与利用》等文，在促进河洛民俗体育、农村休闲体育发展的社会价值和增加文化交流方面做了非常有效的研究。社火是中国民间一种庆祝春节的传统庆典狂欢活动，产生的年代相当久远，是远古时期巫术和图腾崇拜的产物，是古人祭祀拜神而进行的一种活动。云林森在《河洛社火"十六挂转秋"价值考析》一文中指出，河洛民间社火总的来讲可分为器乐、舞蹈两大类别，其中河洛地区白马寺镇孙村的十六挂转秋运动最为精妙，运动魅力和刺激性最强，它从支撑到搭建全部采用手工工艺，用料为木材、麻绳和少量铁制品。他还指出，调查研究河洛社火的意义在于，在全球非物质文化遗产保护的背景下，河洛社火十六挂转秋运动的存在价值主要体现为彰显河洛历史的艺术价值，体现娱乐身心的实用价值，促进河洛特色经济旅游的开发价值，促进河洛农村休闲体育发展的社会价值和增加文化交流，促进旅游文化建设的现实价值。云林森将这一主题在《河洛民俗体育旅游可持续发展对策研究》中更加清晰地表达了出来。这些研究对民间体育的非遗文化意义进行了有针对性的探讨，也对促进河洛特色经济旅游的开发价值和促进旅游文化建设的现实价值方面提出了积极的建议。唐超的《客家教育创新精神与河洛文化渊源》，从办学形式、教育理念、教育内容、教育模式和教育价值观等方面出发，阐述了客家人对河洛文化的教育传统进行的继承和发展。张显运的《北宋时期河洛地区移民简论》、徐芳亚的《河洛文化在东南亚（越南）的传播与影响》等学术论文，在阐述河洛文化祖根性的同时，体现了包容、和谐、创造不息的河洛文化精神。曹莎的《浅探洛阳非物质文化遗产的保护利用途径》，从理论和实证方面对洛阳非物质文化遗产的保护利用献计献策。

2. 历史文化资源转化为旅游资源的策略研究

对于拥有丰富历史文化资源的古城来说，旅游文化开发是弘扬传统文化精神、宣传地方文化特色的最好途径之一。洛阳师院国土与旅游学院秦艳培的《基于旅游经济可持续发展的河洛炎黄文化资源开发研究》《非物质文化遗产旅游商品性的开发》《洛阳文化旅游资源开发的战略思考》《非物质文化遗产保护性旅游开发路径探讨》、颜文华的《洛阳文化旅游资源的核心优势及开发对策研究》，历史文化学院毛阳光的《唐风、唐韵与洛阳特色文化城市的构建》等，不仅对洛阳历史文化旅游资源进行了全面剖析，而且论证了洛阳文化旅游资源的核心优势，并提出将核心资源优势培育为核心竞争力的旅游开发战略构想和"核心资源优势—核心产品优势—核心竞争优势"的旅游开发模式及具体策略。音乐学院教师包婷的《河南省以舞剧打造和推广地方形象模式研究——以〈风中少林〉、〈清明上河图〉和〈河洛风〉为例》一文，充分肯定了河南省以舞剧打造和推广地方形象的"郑汴洛文艺精品工程"在创作和运营方面有很多成功的经验，也指出了其中存在的些许不足，尤其是如何更好地处理挖掘地方民族艺术中存在的时代性和原生态的矛盾，这是所有传统地方文化研究和弘扬中存在的共性问题，也是基本问题。

3. 服务洛阳地区经济建设的策略研究

考察一个地区经济发展的变迁史，可以更清晰地描绘这个地区或城市的兴衰发展史，对当今城市发展规划和区域经济文化建设具有非常好的历史参考价值。曾谦的《隋唐洛阳运河体系与漕粮运输》、王艳的《北宋汴渠水利工程考》、赵天改的《洛阳古都的城址转移及原因探索》等，不仅从实证的角度研究了河洛地区当时的繁荣景象，而且对今天的城市建设规划和水利、交通运输都有一定的参考价值。张显运的《北宋时期河洛地区移民简论》分析了河洛地区经济发展与北宋时期的移民的关系，自发移民或政府安排在当地的外乡人、周边国的降民、移居当地的士大夫或致仕官员是河洛地区移民的三种主要来源。优越的人文环境和人稀地广的自然条件是移民选择迁入河洛地区的重要原因。他们的到来，一方面促进了当地农田的大力开发和经济迅猛发展，另一方面在一定程度上使河洛地区的文化品位得到了提高。这对我们今天认识区域人口流动、外来人员的管理和资源应用，都有非常大的借鉴作用。

洛阳师院自升本以来，在二十余年的探索和实践中，教师学术水平显著提升，服务地方经济社会发展能力不断增强。2012 年全国 705 所大学教师平均学术水平分省排行榜首次发布，洛阳师院教师平均学术水平在榜上位列全国第 250 位、河南省第 7 位。这是洛阳师院继 2011 年在"武书连 2011 河南省大学综合实力排名"中位列第 14 位、科研综合排名位列第 11 位之后的又一新突破，是学校近几年科研实力迅速提升的重要表现和学校内涵建设成效显著的重要标志。纵观洛阳师院有关河洛文化研究的成效，探究其成因，主要有以下几点。

第一，坚持"三高一低"的指导思想，加强重点学科建设。学校牢固树立学科建设的龙头地位，坚持引进高层次人才、申请高级别项目、产出高水平成果、低重心运行的指导思想，按照竞争入选、定期评估后不合格淘汰、达标替补的动态模式进行管理，对重点学科实行学校、院系、学科带头人三级管理制度。在充分分析自身学科建设条件的情况下，学校重点培养优势学科，并着力打造专业实验室和重点实验室及产业化基地等学科平台和研究基地。学校贯彻"事业留人、感情留人、待遇留人"的方针，重点引进和培养高层次人才，设置"河洛学者"教授特聘岗位，选任学风正派、学术造诣高、工作责任心强的教师担任学科带头人，并汇聚一批学术上有潜力、教学科研上有实力的青年教师，打造合理的科研梯队。学校按照"扶持培养、持续发展"的原则，充分发挥学科团队的传帮带作用，加强对青年教师的指导和培养，为研究提供后备力量，造就青年学术领军人才，促进学科建设的可持续发展。目前，学校拥有省级重点学科 8 个、校级重点学科 11 个，并于 2011 年 10 月成功获批教育硕士专业学位研究生培养试点单位。据统计，全校 90% 以上的科研成果由重点学科成员承担完成，重点学科成员已成为学校科研的主力军。

第二，贯彻"三个结合"的科研定位，增强服务地方经济社会发展的能力。学校贯彻学术自由和学科导向相结合、基础研究与应用研究相结合、社会需要与地方特色相结合的科研定位，在保持基础研究稳步发展的基础上，加强应用性研究。古都虚拟再现洛阳市重点实验室便是河洛文化研究成果应用性转化的一个成功案例。

第三，坚持"学术至上"的学风理念，营造良好的科研氛围。学校坚持"学术至上"的学风理念，加大科研经费的投入和支持力度，夯实科研条件。先后修订了《洛阳师范学院科研成果奖励条例》《洛阳师范学院配套经费实施办法》《洛阳师范学院科研经费管理办法》等规章制度，鼓励支持高层次人才承担高级别项目，发表高水平成果。每年还拿出 100 万元设立多个校内科研项目，为不同层次科研水平的教师提供相应的支持和资助。目前，学校每年投入的科研经费在 1000 万元以上。

第四，学校坚持以人为本，服务当先，抓好过程管理。每次申请项目前，校领导都亲自动员、鼓舞士气，并邀请知名专家进行项目论证和指导；在项目评审过程中，学校组织专家组对申报书的各项问题全面把关，全程关注评议过程；在项目获准立项后，学校会督促管理，并做好服务工作。

第五节　洛阳师院弘扬河洛文化的困境分析

河洛文化是中国文化的重要源泉之一，也是传统文化研究的一大显学，洛阳师院在河洛文化研究领域形成了自己的研究优势和特色。但在专业研究队伍建设、高层次成果突破、对外合作交流等方面还存在不足之处。

一、专业研究队伍建设不力

一支人员稳定的、学科结构合理的研究团队是进行地方传统文化研究的有力保障。教师出于兴趣或评职称的功利目的，进行地方传统文化的选题、研究，势必会造成研究成果的不系统、不全面，这将会影响后续的科研成果的转化，减弱地方高校服务地方文化建设的成效。

二、高层次研究成果不多

高层次研究成果的出现，有赖于一个科研人员的科研能力在实践中的长期积淀，不是一蹴而就的事情。对于升本二十余年的洛阳师院来说，这是一个长期发展和建设的目标。还有一个关键原因是，地方高校所处的科研交流平台与"985""211"重点院校相比，还有一定的局限性，不够开阔的视野、不够迅捷的交流，都是阻碍科研水平提高的要素。此外，学校办学经费有限，在地方财政支持中，教师的进修没有划为专项基金，在资金要用于学校的规模扩大和内涵建设的同时，教师的业务进修资金少而又少。这时，在有限条件下进行的民间走访调查、一次次田野采风的奔波，就会停留在一个相对基础的层面，处于瓶颈状态。

三、对外合作交流不强

地方高校是地方传统文化最具优势的对外宣传窗口。宣传什么、怎么宣传，这是地方高校对外合作交流时必须厘清的工作策略。笔者认为，应以最具特色的研究成果为龙头，宣传最具特色的地方传统文化。特色就是"人无我有、人有我优"，在河洛文化特色学科建设方面，洛阳师院尚未领先于其他洛阳同类高校；在特色科研成果方面，专业领军人物在研究领域尚未出现。洛阳师院并不是河洛文化研究的汇聚点，洛阳师院的学报并没有成为河洛文化研究的权威刊物，河洛文化研究与洛阳师院的人才培养特色并没有真正实现有机对接。生成这些困境的主要原因，一是洛阳师院本科办学时间短，还没有足够的时间和实践经验，积淀形成一个成熟的特色学科、稳定的科研团队；二是洛阳师院所处非省会城市，亦非交通枢纽，从某种角度讲，对高水准科研人才的吸引力受到了一定的抑制；三是地方财政的支持不到位。

第六章 高校思想政治教育应用地方文化

第一节 地方文化在高校思想政治教育校园外实践的意义及价值

一、将传统文化及地方文化融入实践教学中

（一）实践教学概述

实践教学一方面是指将学习问题生活化、情景化和社会化，另一方面是指学生自己动手，参与社会实践、生活实践等各类实践活动。实践教学是学生巩固在课堂上所学的理论知识的有效方式，是加深理论认识的有效途径，是课堂教学的有效补充，是培育具有创新意识的高素质人才的重要环节，是全面实施素质教育理念的重要平台，有利于学生素质的全面提高和正确价值观的形成。

实践教学主要有以下三项特色：①独特性。实践教学要根据各学校自身的特色，结合当地的传统文化和地方文化，搭建一个科学的实践教学体系。②实用性。实践教学的开展，必须充分体现"实践"二字，要培养符合专业岗位要求的实用人才。③混合性。实践教学不是独立实行的，它不是单独存在的个体，它的科学实行需要多方面的支撑，如与理论教学的混合、教室与实验室的混合、与教师的混合等。

（二）传统文化与实践教学

优秀的传统文化是一个民族的灵魂，而优秀的传统文化素养又是一个学

生综合素质的重要体现，二者相互促进、相互提高。[①]

然而，随着社会的发展，全球一体化的趋势已基本定型，各种西方文化及价值观开始冲击我国的优秀传统文化，对青少年的影响更是巨大，再加上其本身对优秀传统文化的不重视，现阶段我国青少年的优秀传统文化素养严重缺失。因此，我们现在迫切需要一种新型的教学方式，以此加强和改良优秀传统文化的教育，提高学生的优秀传统文化素养，实现民族复兴。

中国是一个拥有五千年发展历史的文明古国，传统文化博大精深，继承和发扬中华民族的优秀文化传统，是有中国特色的社会主义现代化建设的必要选择，也是实现中华民族伟大复兴的必经之路。所以，我们在进行实践教学时，应当加入传统文化教育，以增加学生学习的深度和广度。

将传统文化和实践教学具体结合起来的方式主要有以下几种：第一，建设一个良好的学习优秀传统文化的校园氛围。要通过对学校特色文化的建设，营造一个学生学习中华优秀传统文化的良好氛围。第二，开发具有本土学校特色的课程。开发和利用学校本土的传统文化教学资源，可以激发学生学习中华民族优秀传统文化的热情。第三，在常规的教学过程中，渗透中华优秀传统文化教育。授课教师在教学进行中，要注重结合优秀的中华传统文化来进行讲解，为以后的实践活动打下良好的基础。第四，定期或者不定期开展优秀传统文化主题的系列活动，加强对中华民族优秀传统文化的推广。在学校实践教育中，要融入优秀传统文化，开展凸显中华优秀传统文化的教育主题活动，引导学生积极参与。第五，对教师进行中华优秀传统文化的培训，提高教师的个人素养。对教师进行专业培训，可以提高教师自身的优秀传统文化修养，从而使其能够更好地引导学生、教育学生。

（三）地方文化与实践教学

地方文化是经过长期生存发展而形成的，具有独特的自然风貌、社会习俗、思想观念、价值取向和人文精神等因素，这些因素又互相影响、互相浸润，从而孕育产生一种具有本地特色的文化资源。

①王悦俊. 对民族地区普通高中中华优秀传统文化进校园理论与实践的研究 [J]. 学周刊，2018（04）：78-79.

一个国家、一个民族在长期的生存发展中，会逐渐形成具有自身特色的文化，并以此形成独特的核心价值体系。对学生进行核心价值观的培养，要充分利用地方文化，并将这种核心文化融入实践教学，使学生不由自主地产生认同感。一方面，地方文化是构建核心价值观体系的重要内容，是依附之所，没有地方文化的价值观就如同无根之木，缺乏积淀；另一方面，地方文化也需要通过培养核心价值观来进行推广，二者相互依存，缺一不可。将地方文化与实践教学有效结合起来，可以借鉴以下几种方式。

第一，实践教学的团队建设。组建由多领域、多行业的专家学者或者企业家构成的价值观培养实践教学团队。这里既可以包含学校的专职教师，又可以吸收兼职的社会人士，他们可以根据自身的优势和工作特性相互协作，共同完成学生的价值观培养。例如：学校的专职教师以理论教学要点和教学目标为纲，开发实践教学模块和项目；兼职的社会人士则可以根据自身领域的特色，同时结合所教学生的专业特点，指导学生开展各类实践活动。

第二，实践教学平台的建设。搭建一个以实践教学团队为主导，当地地方文化特色资源和本校教学资源为基础的实践教学平台，将地方文化资源和传统文化与实践教学有效结合起来。

第三，实施和评价。根据不同的教学内容，由实践教学团队组织开展实践教学活动。学生根据自己的兴趣爱好及专业性质，在教师的指导之下，进行相应的实践活动，活动结束后，提交实践报告、个人心得、参观感想等总结性材料，由实践教学教师给予评价。教师在评价的过程中，要更多地重视学生在实践过程中的感悟和心得，突出主题，不以结果为评价的唯一指标，而要注重对学生实践能力的培养。

通过上述内容我们可以看出，将传统文化与地方文化融入实践教学，可以增加学生的学习兴趣，增进学生对中国传统文化和地方文化的深入了解，提高学生的学习效率，从而达到理想的教学效果。但是，如何将传统文化及地方文化与实践教学完美结合起来，是教师将要面临的巨大难题，也对他们提出了更高的要求。因为这种教学方式的效果很大程度上取决于教师本人知识储备的丰富程度，也就是说，如果要采用这样的教学方式，授课教师不仅要对中国的传统文化有全面的了解，还要对地方文化有深入的研究，只有这样，才能让实践教学取得理想的效果。

二、地方文化融入高校思想政治教育社会实践环节的价值

在课程建设的实践运作方面，将高校思想政治教育实践环节真正落到实处而不是流于形式，是近年高校思想政治教育课程教学改革的首要环节之一，而将本地文化融入高校思想政治教育课程实践环节是一个正在探索的方向。

（一）关于地方文化

研究文化的学者认为，拥有高科技的发达国家带动全球政治、经济、文化的多方向转变，带领全世界朝着一致的目标前进，文化领域逐渐呈现一致性，跟不上国家文化潮流脚步的地区，将无可避免地被边缘化。西方化是今天大多数国家文化发展的趋势，对于执着于传统价值的国家，这种趋势无疑是文化的灾难，他们采取许多的政策与实际行动来维护文化的根本。多个地区都在极力维护传统文化，发掘传统文化的价值，许多知识分子深知这股巨浪的不可违逆，积极因势利导，保存传统文化的根，但改革传统文化艺术产品使其在国际市场盛行，使文化跃升为民族经济进步的力量，这就是文化软实力。

（二）本地文化与高校思想政治教育课程教育融合的必要性

地方文化的内涵丰富，既包括世俗生活，也包括精神生活，世俗生活里有饮食文化、服饰饰物、居住及迁移、民情与宗教、女性世界、制度与产业等，精神生活里有知识与教育、语言与文字、文学、历史与哲学、艺术、科学等，任何一个地方，即便是最贫穷没落的地方，都有这两个部分的存在。高校是一个特殊的存在实体，它存在于地方，但又独立于地方，任何一个身在其中的学子都会受到来自各个地方的文化的冲击。比如饮食文化，南方高校内有大量北方饮食，川蜀高校也会准备不辣的食物供学生选择。关于服饰文化，除了少数民族服饰，全国各地的服饰穿着差异已经极为不明显，这在年轻人身上体现得尤为明显。至于居住与迁移也逐渐同化，内蒙古的学生没有住蒙古包，新疆的学生也不骑马上学。这和社会生产方式的变迁有关，游牧民族

曾经临水而居是为了畜牧和自我供给，不停迁移是为了追逐猎物谋求生存，但这种生活方式已经一去不复返。由于我国政治经济全国上下一盘棋，制度和产业差异只在于发达或者落后，抑或是地方特色产业的差异。在性别问题上，女性世界的进步在全国范围内都有目共睹，重男轻女或者女童被排除在教育系统之外的情形已经少见了。差异比较明显的方面在于民情和宗教，落后国家和地区向发达国家和地区靠近是一个社会规律，对于执着于维护本地传统文化价值的国家和地区，这种趋势无疑是给文化的致命一击，他们采取许多的政策与实际行动来维护本土文化的根本。因此，许多国家的文化已经是一种混合体，是舶来文化和传统文化的混合体，我国也不例外。从这个规律来看，高校的校园文化其实就是国家文化的一个缩影，既有地方文化的踪影，也有外来文化的渗入。对待这两种文化，当代大学生并不是一视同仁的，青年大学生对外来文化有更浓厚的兴趣和探究心理，而对于地方传统文化则见怪不怪、习以为常，或者一知半解。

纵观高校课程，主要是对精神生活的培育，包括知识与教育、语言与文字、文学、历史与哲学、艺术、科学等，当然也有体育、歌唱、绘画等，而这些内容具有普世性，教材是针对全国的，不是针对地方的，因此这些教材灌输的是世界精神生活或者全国大范围内的精神生活，而对地方精神生活提及的很少。这种现象类似"灯下黑"，青年学生对发生在身边的很近的事物和事件无法看见和觉察，对自己所处的地方文化土壤很陌生。由于大学的专业设置条目分明，计算机专业的学生不大关心社会学的调查对象，而外语系的学生仅限于语言文化。这样一来，能承担传统文化传承任务的只有思想政治教育公共课，而不是专业课程。

（三）地方文化融入高校思想政治教育课程的外部支持

1. 地方政府不能缺席

文化的养成是一个渐进的过程，有时不以人的意志为转移，但也不能缺少人为干预。文化发展往往受各国政治、经济、社会力量的牵制，彼此之间的差异很大，有的国家至今尚未制定具体的文化政策。文化对社会政治经济的帮助并不明显，也无精确的统计数字显示文化产业对整体经济的贡献比例，但也有许多国家一直积极筹划有意义的文化政策，从政府、社会团体及民间三方面进行，期待提升文化产业的贡献率。当然，每个国家的文化政策差异很大，在我国，民间文化力量的薄弱程度有目共睹。民间文化机构的独立性、私人文化企业和艺术工作的自由与独立是民间文化力量崛起的一个重要前提，但在我国，这一块是显著短板，政府对民间文化力量缺乏足够的信任，在物质和精神上都没有给予鼓励，如果地方高校不参与这个系统，文化信息的储存和传播就成了地方政府单方的独角戏。

2. 地方高校对地方文化的传承职责必须明确且具体

地方高校培养的是人才，人才是世界的、中国的，也是地方的。人才是地方文化最有价值的传播载体，地方高校不仅承担传播地方文化的重担，地方也会为高校提供足够的滋养，所以将地方文化贯穿在课程教学当中是双赢的。因此，必须明确高校承担传承地方文化的职责，而且这种职责不是抽象的，应该具体化。

一直以来，综合性大学的课程传授特征是兼收并蓄、无所不包，思想政治教育课程授课往往天马行空、不拘一格，既有国外的，也有国内的，既有民族的，也有共性的东西，思想政治教育课程的实践环节设计也没有形成全国统一的规格和模式，往往是各个高校自己决策，随意性很大。比如，一些大学思想政治教育课程的实践环节是要求学生完成一篇社会调查报告，主题没有限定，学生可以任意选择自己感兴趣的题目，这种实践设计的出发点是可以理解的，如果学生真正认真去执行，也不失为一个好的实践设计，但问题在于，这种设计存在几个方面的缺陷：一是学生可能会因为专业课程的要求去进行社会调查，但极少会为了思想政治教育课程认真进行社会调查，抄袭成风，既没有实地调查，也没有自己的意见和观点。二是无人监督，教师仅仅根据社会调查报告的最终形式认定学生的课程成绩，没有办法知晓学生是否真正参与了社会实践，是否真正进行过调查研究，这和专业课实习还是有差距的。三是学生对调查主题根本不感兴趣。我们都倡导学生选择自己感兴趣的主题，但问题是学生对哪个主题都不感兴趣，只是为了应付作业。从以上三点来看，调查报告这种社会实践环节基本是失败的，这种失败的模式在大学思想政治教育课程当中贯彻，反过来又伤害了思想政治教育课程的权威性，学生无法真正尊重思想政治教育课程。要将文化主题纳入高校思想政治教育课堂，让文化气息浸润社会实践环节，让学生真正去体验文化、享受文化，使本土文化在这些年轻学生的脑海里生根发芽。

第二节　结合地方文化开展校园外社会实践的方式及途径

一、地方性文化场馆增进高校思想政治教育的有效途径

地方性文化场馆资源是传承相关文化产品中的文化精神的物态载体，是建设社会主义文化软实力的思想基础，是世界认识中国特有的文化品牌，是开展爱国主义教育的有效途径，更是增进高校思想政治教育有效性的有利条件。

（一）地方性文化场馆融入思想政治教育的现存问题

1. 文化软实力处于"中国境遇"

中与外、古与今、多与一、大与小、强与弱诸种矛盾关系的相交错杂，构成了当代中国文化长河飞溅的浪花。在此境遇中，当下的国人不能不感到面对复杂文化的焦虑。面对中与外文化的碰撞，有些人的思想变得"不中不西"；面对古与今的纠缠，有些人更多地期待创造力却忽视了历史的价值；面对多与一的矛盾，有些人"乱花渐欲迷人眼"不知该如何选择文化；面对大与小的失衡，有些人会更多地消费快餐文化，忘了追问自己的精神家园；面对强与弱的对抗，有些人反思自己是否真的"弱不禁风""有剑无锋"……这就是中国文化软实力所处的复杂且急速发展的变化的境遇，文化软实力正是思想政治教育实践化、创新化的文化的大背景和大环境，在这种环境中，地方性文化场馆成为十分容易被人忽略的要素和途径。

2. 高校学生缺少对地方性资源利用的认识

思想政治教育是对大学生进行系统的马克思主义研究教育的主要内容，而当今时代日益多元化的发展，很少有学生能够为了提高思想觉悟而进行社会实践和研究地方性文化场馆，认真谈论学术内容和道德的学生成为另类、少数，大多数学生把学校组织的社会调研当作旅游消遣。因此，如何让学生焕发对地方文化认识和学习的激情，培养思想政治教育实践化氛围是重中之重。将本土文化融入思想政治理论课教学，要努力做到美国著名哲学家、教育家约翰·杜威（John Dewey）倡导的"从做中学"，最好的教育就是"从生活中学习、从经验中学习"。

（二）地方性文化场馆对高校思想政治教育的重要作用

1. 地方性文化场馆为高校思想政治教育提供了主体条件

随着世界多极化和经济全球化的深入发展、信息化的不断加快，以及我国改革开放的日益深化、世界各种思想文化的碰撞和互相影响，西方文化中的个人主义、功利主义、利己主义、拜金主义等消极的价值观都对我国高校思想政治教育造成了不可忽视的不良影响。地方优秀文化是高校思想政治教育的重要素材和思想蓝图，高校思想政治教育又是地方优秀文化教育的指向标，二者能够融会贯通。高校学生可通过对文化场馆的考察，学习地方文化资源的精髓，深入了解中华民族优秀文化传统和革命传统的教育意义，形成正确的人生观、世界观和价值观。

2. 地方性文化场馆是提高思想政治理论课课堂教学有效性的重要途径

高校思想政治教育承担着将马克思主义的立场、观点和方法传播给大学生，使大学生树立远大的理想和正确的人生观、价值观的重任。多年来，思想政治教育课堂教学方法保守死板、形式单一，仍然是以教师为主体的灌输式教育，师生之间缺乏交流，学生课堂表现不够积极，因此教学效果不佳。[①]因此，应组织高校学生到地方性文化场馆进行参观、教育与学习，集中有效

---

①王家芳，齐久恒. 高校思想政治理论课教师专业化发展的途径探索 [J]. 学校党建与思想教育，2009（10）：45-47.

地利用和整合当地文化资源。例如，西南科技大学马克思主义学院充分利用本土红色文化资源，将地震纪念馆建为思想政治课实践教学基地，每年定期组织学生到"两弹一星"科技国防基地参观，还带领学生参观王右木纪念馆、中物院科技馆、南山烈士陵园等，使思想政治教育理论课课外实践教学与地方性文化场馆相整合，集中有效课外实践教学资源，建设成相对可控的课外实践教学基地。

（三）地方性文化场馆融入思想政治教育的解决方法

1. 建立高校与文化场馆的合作模式

一是制度建设体系。在建立完善的融合体系的过程中，要以提升地方性文化场馆的综合管理水平和服务水平为目标，加强场馆的各项规章制度的建设，明确各员工职责及分工，完善考核制度，实行激励机制和末位淘汰制以调动员工的积极性；要以合作共赢为目标，加强场馆与各级地方高校及单位的合作，探索和建立长期有效的机制，从而有效实现对大众的爱国主义教育，把爱国主义文化传播到基层，加强评价和反馈机制建设，注重教育研究和观众研究。

二是思想建设体系。要提升文化场馆员工的思想政治教育的水平，加强理论武装头脑、实践武装思想的方法。要坚持集体学习与个人学习相结合、理论学习与实践操作相结合，进一步加强干部与职工的党性锤炼，提高党性修养与思想素质。要根据文化场馆的不同特色，有针对性地对职工与干部进行专业性训练，把对场馆工作人员的思想政治教育纳入长期的规划中，保证场馆运行管理队伍思想政治方向坚定、思想素质过硬。

三是文化建设体系。要加大课题研究力度，深化与高校的合作模式，深入挖掘文化场馆和文化资源所蕴含的精神文化内涵，使宣传途径多样化，可以通过自媒体的网络平台进行多方位文化场馆的宣传，开设与场馆相关的官方微博和微信公众号，整合网络信息资源，建设数字计划基地，提升文化场馆宣传的服务质量。要拓展宣传渠道和展示方式，从传统的讲解、视频、展览，逐步扩展到电影、音乐、舞蹈等多种展示形式。

2. 推进地方文化资源在中学思想政治教育中的运用

高校应该加强思想政治理论课专业教师队伍建设，形成一支具有较高专业素养的师资文化队伍。社会在飞速发展，教师也应经常出去学习与交流才能不断开阔视野、增强感性认识，并通过与其他学校的同行进行经验交流取长补短。另外，实践教学本身也需要资金，如社会服务、参观考察、调查研究等社会实践活动都必须有一定的经费保证。因此，要开展形式多样、内容丰富的实践活动，真正顺利、有效地进行思想政治理论课实践教学，就必须设立思想政治教育教学的专项经费。

利用地方性文化场馆资源提高思想政治教育有效性，就要深入挖掘地方文化资源的可利用性，提高对其的认识和理解，让思想政治教育与地方文化资源相融合变为一种行之有效的基本途径。以此方式带领学生"走出去，走进来"，有助于高校思想政治教育变为中华民族伟大复兴强有力的推动剂。高校应当通过建立多样化的德育教育基地，组织学生开展一系列纪念红色文化的仪式和活动，让广大学生在亲身参与和实践体验中感悟崇高、汲取精神力量，从而实现对地方性文化场馆资源增进高校思想政治教育的有效性的探索。

二、结合地方文化资源开展校园外社会实践的主要方式

（一）高校思想政治教育教学内容的地方化

1. 当前思想政治教育教学内容的局限

高校思想政治教育的主要内容是世界观、人生观、价值观教育，爱国主义、集体主义、社会主义教育，社会公德教育、职业道德教育、家庭美德教育，等等。以上内容主要以马克思主义理论课程的形式展开。本科阶段主要开设"马克思主义基本原理""毛泽东思想""邓小平理论和'三个代表'重要思想概论""中国近现代史纲要""思想道德修养与法律基础"五门必修课，以及"形势与政策""当代世界经济与政治"等选修课。研究生阶段主要开设硕士生必修课"中国特色社会主义理论与实践研究"、选修课"自然辩证法概论""马克思主义与社会科学方法论"，以及博士生必修课"中国马克

思主义与当代"和选修课"马克思主义经典著作选读"课程。总体来看，高校思想政治理论课内容体系已较为完善。另外，从本科生到研究生，其课程内容理论重复性较强，缺乏与学生学习生活实践的紧密联系，加之时代剧变，更使教学内容显得陈旧，难以充分调动学生的学习兴趣，从而导致育人功能的弱化，因此改良思想政治教育教学内容是当前的紧迫要求。

2. 地方文化资源的思想政治育人优势

高校处于特定的地方，一地有一地独特的文化资源，它是一定地域范围内全部自然资源和社会资源的总和，也就是地方文化资源。它们在漫长的历史变迁当中存留下来，不仅内容真实丰富，而且可触可感。"近水楼台先得月"，对于学生来说，地方文化资源存在于其自身的学习生活环境当中，易于与其产生共鸣。如果对地方文化资源善加利用，它们将会在高校思想道德知情意行的培育过程中发挥出独特的优势。

（二）思想政治教育教学内容的地方文化资源要素

地方文化资源由当地自然资源与社会资源构成，极具多元性，其中精华与糟粕混杂。要将地方文化资源引入高校思想政治教育，应当对地方文化资源中的合理要素进行甄别。遴选地方文化资源要素，首先要以思想政治教育的教学内容，即世界观、人生观、价值观教育，爱国主义、集体主义、社会主义教育，社会公德教育、职业道德教育、家庭美德教育为参照范围；其次，应坚持实事求是、理论联系实际的原则，选择真正具有道德教育价值的地方文化要素。

（三）合理利用地方文化差异促进高校的思想政治教育

高校应当正确处理大学生的地方文化差异，促进高校思想政治教育工作的顺利展开。高校应当充分了解地方文化的差异所在，运用体验式的教学模式，把不同地方的文化向大学生进行充分的展示，使大学生能够对不同地方的文化深入理解并认同。体验式的教育方法与传统的教育方法不同，能够培养大学生的独立思考能力。在体验过程中，大学生能够对不同地方的文化进行独立的思考与正确的评判，能够从地方文化中看到当地的一种特殊的风土人情，这也能帮助大学生在学习的过程中学会包容他人。体验式的学习方式能够有效地与高校思想政治教育结合起来，高校思想政治教育可以在体验式教学的基础上，重点关注大学生读、听、讲、看、写及实践等能力的培养，合理利用地方文化差异，从而促进高校思想政治教育工作的开展。

1. 用实地体验的方式加深大学生对地方文化的理解

高校可以组织一些诸如旅游、社会调查等类型的活动，使大学生亲自到不同的地方体验当地的生活，了解当地的风土人情与风俗习惯。在旅游和调查的过程中，高校应当为大学生制订详细的行动计划，使他们了解旅游和社会调查的主要目的，使他们通过亲身体验获得对地方文化的更深层次的理解。在活动之后应当把他们的感想与体会收集起来，再通过高校的整体教育使他们对地方文化的理解更加深刻。高校应当做好提前宣传工作及详细的计划与预算，并合理安排时间，保证活动的顺利开展。

2. 组织大学生观看具有地方文化特色的文艺节目

文艺节目是当地文化的产物，文艺节目也能很好地体现地方文化的差异性，也正是这种差异性形成了多种多样的文艺节目类型。例如，山东的快书、东北的二人转、四川的变脸、河南的豫剧、新疆的舞蹈等，这些极具地方特色的文艺节目能够加深大学生对当地文化的理解，消除地方文化的隔阂，在娱乐的同时达到对地方文化认同的目的。

3. 向大学生充分展示地方语言的特色

我国语言以汉语为主，但是汉语在不同的地域也有不同的发音，这就是我们平常所说的方言。方言的发音与普通话的发音有很大的不同，尽管有时候字是一样的，但念法是完全不同的。向大学生展示地方语言，可以使他们在感叹我国语言文字魅力的同时，加深对地方文化的理解与包容。

4. 建立课堂讨论机制

在传统的教学方法的基础上，高校应该适当加入课堂讨论的环节。通过课堂讨论，大学生能更深入地了解地方文化的差异。此外，让大学生寻找他们共同的爱好与兴趣，在讨论的过程中了解不同地方对某一件事情的看法与态度，也可以加强大学生对地方文化差异的理解与认识。

（四）高校思想政治教育教学方式的地方化

在创新思想政治教育教学内容的基础上，教学方式也同样需要革新。高校应该在传统课堂教学的基础上进行多种多样的教学尝试，摆脱单一的说教教学方式。

1. 参与式课堂教学

目前来看，课堂教学仍然是大多数高校最常用的教学方式。将地方文化资源引入课堂教学，不仅能够增强教学新意，也容易激发学生的学习兴趣。但是以教师讲授为主的课堂常易导致学生身在课堂心在课外的局面，因此我们应多采用参与式教学。

首先，参与式教学必须重视、唤起学生的主体性。长期以来，学生在思想政治教育课堂上的主体地位被忽视，因此参与式教学方式的实施必定会遭遇一些困难。学生被消磨的主动性、求知欲必须通过参与式教学的方式被唤起，如此课堂教学的实效性才有回归的可能。

其次，教师要合理地对参与式教学进行分层设计。高校思想政治教育涵盖本专科生、硕士生、博士生，每种类型的学生的心理特征、接受水平、专业都不同。因此，对不同类型的学生，在教学过程中应当有所偏重和区别。例如，对于本科生必修课程中的"中国近现代史纲要"，教师可以要求学生在课前完成课本知识的预习工作，并提供已经筛选出来的地方文化资源要素供学生选择，促使他们去搜集他们自身感兴趣的相关材料。这样，在正式开始上课时，教师就可以将更多时间放在师生互动上。例如，教师可以引导学生共同探讨课本之外的内战及抗战时期的其他重要史实与人物，在课堂上多给学生自己讲解和表达观点的机会，并进行深入研究与讨论，以此加深学生对教学内容的认识，提升学生的思维能力及思想政治素养。与本科生相比，硕士生所修的"中国特色社会主义理论与实践研究"及博士生所修的"中国马克思主义与当代"等必修课程的灵活性、现实性较强，因此可以在更大程度上结合地方文化资源，采用参与式教学法开展教育。例如，教师可以选择一些与地方文化和社会发展各方面息息相关的主题，这些现存的问题不仅可以作为学生思想政治教育学习的素材，帮助学生提升发现问题的敏锐度、培养学生解决问题的开放性思维，而且还可能对研究生的专业学习产生附带的正面效应。只有学生切身感觉到思想政治教育对其自身学习生活的指导意义，他们才可能真正认同我们的思想政治教育工作，才能够真正达到提升学生思想道德知情意行合一的目标。

2. 社会实践教学

第一，校外实践基地考察。引导学生带着问题到一些爱国主义教育基地、文化历史遗迹参观，并在参观过程中进行寓情于理的讲解，潜移默化地使学生感受烽烟年代生活的不易，从而学会珍惜现在的和平生活。

第二，开展社会调查。围绕地方文化资源有思想政治教育价值的选题，鼓励学生结合自身专业确定调查题目，进行社会调查。例如，生物学专业的学生可以选择调查高原生态文明，经济学的学生可以去实地观察某地的旅游业现状，等等。通过这样的社会调查，学生的专业知识有了用武之地，也增进了其对社会的接触与理解，有助于其思想人格走向成熟和理智，学生将来也能更好地为社会的稳定和发展做出贡献。

第三节　结合思想政治教育社会实践体验地方文化的应用模式

通常的高校思想政治教育，往往以显性的方式对学生进行事物内在规律的揭示，其最大的特点是具有抽象性和概括性，学生在接受教育的过程中难以获得足够的感性认识，因而影响了思想教育的效果。社会实践能提供与高校传统思想政治教育完全不同的模式，通过丰富的实践活动，帮助学生逐渐形成正确的人生观、世界观、价值观，从而达到提升综合素质和竞争能力的目的。①

---

①赵美凤. 构建高校社会实践与思想政治教育的结合模式 [J]. 湖南税务高等专科学校学报，2015，28（06）：57-58，64.

一、社会实践教育——体验地方文化的重要前提

社会实践是高等教育不可缺少的有机组成部分，是重要的教学形式，是高等教育的专业性要求，也是世界高等教育发展的共同趋势。党和国家十分重视大学生社会实践。早在 1953 年，政府就制定了《关于加强高等学校与中等技术学校学生生产实习工作的决定》，强调实践环节对国家建设人才培养的意义；1987 年，国务院批转了原国家教委（现教育部）《关于改进和加强高等学校生产实习和社会实践工作的报告》，指出青年学生只有在学习科学文化知识的同时，积极参加社会实践，更好地了解社会建设和改革开放的实际，了解人民群众的思想感情，才能逐步锻炼成社会主义建设所需要的德才兼备的合格知识分子。1999 年，《中共中央国务院关于深化教育改革全面推进素质教育的决定》指出，实施素质教育，就是全面贯彻党的教育方针，以提高国民素质为根本宗旨，以培养学生的创新精神和实践能力为重点，造就"有理想、有道德、有文化、有纪律"的德智体美等全面发展的社会主义建设者和接班人。2004 年，《中共中央国务院关于进一步加强和改进大学生思想政治教育的意见》强调，社会实践是大学生思想政治教育的重要环节，对于促进大学生了解社会、了解国情、增长才干、奉献社会、锻炼毅力、培养品格、增强社会责任感具有不可替代的作用。

社会实践活动有利于扩大思想政治教育的受益面和政治理论教育与实践教育的结合。就社会实践活动的目的而言，其所希望的是全体学生的积极参与，让学生在不同的角度、不同的层次，都受到教育，都得到提高。社会实践活动实现了这一目的，它既便于学校组织扩大受益面又不失活动的严密，既便于安排又便于检查，既有统一性又有灵活性，既有普遍性又有层次性。社会实践活动解决了学校在开展思想政治教育时常遇到的一个难题，即效果很好的一些教育活动，学生也乐于参加，但由于各方面条件的限制，往往参加的人数很少，致使相当部分的学生滞留在活动圈子以外。这个问题的解决使社会实践活动的主体——学生的受益面大大扩展。同时，社会实践活动让学生深入基层、了解国情、体察民情、分析社会的现实需要、发现自身的

不足，促进了高校"两课"的教学，较大地提高了"两课"的教学实效，较好地解决了"两课"教学中存在的理论不能很好联系实际的问题，使学生从理论与实践结合的角度学懂理论，提高了学生对我国现在处于并将长期处于社会主义初级阶段这个最大的实际的认识，从而有助于青年学生坚定走中国特色社会主义道路的信念。

社会实践活动有利于青年学生的成长，也是青年学生成才的自身需要。党的十一届三中全会后，青年学生参加社会实践活动，经历了活动内容从单一到多维，活动主体的被动参与到主动投入，由量变不断递加到质变的发展过程。当前，"学习社会、助困扶贫、服务社会、实践成才"已成为大多数青年学生的自觉行动。每逢假期，青年学生走出校园，下农村、下厂矿、到学校、访军营、进商店，以社会为课堂，以实践为教材，全身心投入到社会实践中去接受教育和锻炼，不断提高自己的认识和解决实际问题的能力。社会实践活动正日益成为青年学生成才的自身需要而受到学生的高度重视。

社会实践活动有助于解决青年学生对现实社会中诸多问题和矛盾的认识问题。随着社会主义现代化建设的发展和改革开放的不断深入，学校在取得巨大成就的同时也遇到了许多新的问题和矛盾，如何认识和解决这些新问题和矛盾，一直是学校对学生进行思想政治教育的一个难题，如涉及学生切身利益的毕业就业问题。随着社会主义市场经济体制的建立与发展，高校毕业生已由过去统包统配的计划分配模式过渡到在国家就业方针、政策指导下多数学生在一定范围内自主择业的方式。这种择业方式，导致大学生复杂心态和矛盾心理的产生。一方面，实现了由"服从国家需要"到"尊重个人自愿"与"服从国家需要"并重的转变，因而备受学生的推崇和欢迎；另一方面，由于人才市场机制与竞争规则的不健全等因素，部分学生束手无策。从而一些学校的学生产生了不同程度的对社会的偏激看法，对这些过激的认识和理想与现实之间存在差距的矛盾的解决，单靠校园内的教育和引导是难以奏效的。因此，学校可以有针对性地组织青年学生进行社会实践活动，通过深入社会和实践，使青年学生了解和认识国情，认清就业形势，了解社会对毕业生的需要，结合自身的实际，树立正确的择业观念，实现个人志愿与祖国需要的有机结合。社会实践活动这种青年学生自我教育的手段和形式，有助于问题、矛盾的认识和解决，是学校加强和改进对毕业生进行思想政治教育的一种有效办法。

二、课程资源的开发 —— 结合思想政治教育体验地方文化的新模式

在课改中，课程资源的开发是一项非常重要的任务。那么如何开发综合实践活动课程资源呢？要积极开发并利用校内外各种资源，让学生通过实践，增强探究和创新意识，学习科学研究的方法，发展综合运用知识的能力，增进学校与社会的密切联系，培养学生的社会责任感。如何利用校内外各种资源？与其轰轰烈烈、不辞辛苦开发"山高路远"的资源，还不如就地取材，扎扎实实利用好地方文化资源。因此应结合本地特色及本班学生实际，进行"自主开发地方文化"综合实践活动的尝试，在尝试中力求开发一种贴近学生，学生拥护，发展学生的课程。

（一）课程开发阐述

1. 开发地方文化的基本框架

各地区都蕴藏着自然、社会、人文等多种语文资源，要有强烈的资源意识去开发、积极利用。地方文化涉及的区域比较广，且显琐碎，横纵交错，因此要先确定其基本框架。

2. 开发地方文化的框架阐述

（1）"回眸历史"栏

历史也总会以故事的形式历经沧桑、历经浓缩，或以口头、书面的方式流传下来，其中往往折射着时代之光。所以"回眸历史"栏主要以收集、寻访故事为主，让学生了解家乡的历史文化、传统习俗的承袭背景，自主地走进家乡。例如，带领学生走进武进历史博物馆，让学生了解地方历史、历史上的名人，让学生采访当地的老人，从中知道地方的奇闻逸事。

（2）"聚集现在"栏

现今的时代更贴近、适合学生，更多的是他们眼中的世界，所以"聚集现在"部分是重中之重，应分设四大专题，即"风景名胜""地方特产""风俗人情""经济发展"，研究地方文化，让学生更自主地走进家乡。

（3）"展望未来"栏

在开发地方文化过程中学生因"回眸"而走近，因"聚焦"而走进，更因"展望"而走入其中，让地方文化根植学生内心，引起学生共鸣。"城市蓝图"必将在心灵中描绘，美好而令人憧憬。当然，规划馆也成了研究小组必去了解的地方。

3. 开发地方文化的实施策略

（1）分层分时

由于地方文化涉及面广，深浅各异，应采取循序渐进的方式，分阶段完成，形成一个系列。又由于学生存在的差异，应根据具体情况，使其分层完成自主研究。

（2）注重磨合

要注重与"人"磨合。它表现为积极的相互支持、配合，特别是面对面的促进互动。要注重与"社会"磨合。在开发地方文化的过程中，学生势必要走入社会，在实践中他们认识了地方文化，增长了知识，同时他们看到了地方文化的丰富内蕴，又认识到了地方文化所拥有的灿烂明天。另外，还要注重与"自然"磨合。

（二）课程断想例谈

语文实践活动是新时期课程标准下的必然产物，重视地方文化的开发是课程资源的一种新的生命力的展现方式。

1. 冲破教学"围城"，走向丰富

钱锺书在《围城》中将婚姻比作一座围城，城里的人想冲出来，城外的人想冲进去。当今教育也是如此。未入学前，孩子对入学读书有一种渴望，入学后对学习便有了一种厌倦，他们不快乐！学生常年拿一本教科书，怎能不感乏味？所以，语文教材不应是学生唯一的学习资料，语文学习的内容应该与社会生活相关联，应该是立体的、五彩缤纷的。教师应引导学生投身于"蓝天下的社会大学校"中去阅读地方文化，让学生自由获取信息、收集材料，进行整理再创造，滋生出属于自己的东西。学生在活动中的收获是巨大的，收获就在过程中。

2. 洋溢生命活力，走向智慧

充裕的时间是语文实践活动的翅膀，广袤的空间是语文实践活动的舞台。学生只有把心灵深处的内在感悟转化为一种精神产品，才能在这个过程中得到收获，语文教育也才能产生"整体大于部分之和"的系统效应。整个活动，没有将学生局限在40分钟的课堂里，而是让他们自主支配时间。教师作为指导者，要经常鼓励学生出入图书馆、电脑室查阅资料，进行广泛的社会调查访问，去风景名胜亲历感悟，用灵动的笔挥毫书写。他们手拉手、肩并肩，一起经历风雨，一起享受彩虹，一起攀登人生阶梯，一起高唱生命的同一首歌。合作加深了友情，友情在文化的土壤中滋润了生命。

3. 弥补情感缺失，走向和谐

在亲历本土地方文化的过程中，学生领悟到了本地文化中洋溢的自然美、人性美、生活美、智慧美、历史美，从而产生了一种自豪感，走进了生活、自然、社会，走近了自己的家乡，走向了一个最真实的情感世界。同时，学生增强了对社会变化的感受能力，对社会焦点的捕捉能力，对社会大环境的适应能力，他们已较好地把自己定位为社会人，实现了在认知、情意、能力等领域全面、协调的发展。

参考文献

[1] 张德祥，林杰. 大学素质教育的历史审视与现实反思 [J]. 中国高教研究，2017（06）：1-7, 29.

[2] 徐张咏. 高校将地域文化融入育人过程的思考 [J]. 教育理论与实践，2015，35（09）：31-32.

[3] 段莲. 高校通识教育运用地域文化资源探索 [J]. 高教学刊，2018（09）：69-71.

[4] 张勇. 地方文化融入地方高校人文教育的价值解读 [J]. 教学研究，2017，40（06）：34-37，60.

[5] 习近平. 决胜全面建成小康社会 夺取新时代中国特色社会主义伟大胜利：在中国共产党第十九次全国代表大会上的报告 [EB/OL]. （2017-10-27）[2021-11-12]. http://www.xinhuanet.com//politics/19cpcnc/2017-10/27/c_1121867529.htm.

[6] 教育部. 坚持以本为本 推进四个回归 建设中国特色、世界水平的一流本科教育：新时代全国高等学校本科教育工作会议召开 [EB/OL]. （2018-6-21）[2021-11-12]. http://www.moe.gov.cn/jyb_xwfb/gzdt_gzdt/moe_1485/201806/t20180621_340586.html.

[7] 中共中央国务院. 中共中央国务院印发《中国教育现代化2035》[N]. 人民日报，2019-02-24（001）.

[8] 习近平. 在北京大学师生座谈会上的讲话 [N]. 人民日报，2018-05-03（002）.

[9] 徐光春. 深刻领会、把握习近平新时代文化思想：学习党的十九大报告的体会 [N]. 光明日报，2017-11-03（005）.

[10] 苏林和. 以"山西故事"滋养山西文化 [N]. 山西日报，2017-08-09（009）.

[11] 张烁，鞠鹏. 把思想政治工作贯穿教育教学全过程，开创我国高等教育事业发展新局面 [N]. 人民日报，2016-12-09（001）.

[12] 谢环驰，兰红光，李刚. 习近平春节前夕赴江西看望慰问广大干部群众：祝全国各族人民健康快乐吉祥 祝改革发展人民生活蒸蒸日上 [N]. 人民日报，2016-02-04（001）.

[13] 习近平. 坚持运用辩证唯物主义世界观方法论 提高解决我国改革发展基本问题本领 [N]. 人民日报，2015-01-25（001）.

[14] 瞿振元. 高校素质教育有待真正落地 [N]. 光明日报，2015-04-21（13）.

[15] 习近平. 建设社会主义文化强国 着力提高国家文化软实力 [N]. 人民日报，2014-01-01（001）.

[16] 汉云. 首份"90后"大学新生调研报告新鲜"出炉" [N]. 大连日报，2009-06-13（B01）.

[17] 习近平. 紧紧围绕坚持和发展中国特色社会主义 学习宣传贯彻党的十八大精神 [N]. 人民日报，2012-11-19（002）.

[18] 中共中央文献研究室. 建国以来重要文献选编：第十九册 [C]. 北京：中央文献出版社，1998.

[19] 陈锐. 温州地域文化在高校思想政治教育中的应用研究 [D]. 温州大学，2019.

[20] 梁媛. 三晋文化融入高校思想政治教育长效机制及其运用研究 [D]. 太原理工大学，2019.

[21] 郭辛. 保定地域文化在高校思想政治教育中的应用研究 [D]. 河北大学，2016.

[22] 曹璐. 高职院校人文素养课程融合湖湘文化的策略研究 [D]. 湖南师范大学，2016.

[23] 梅长青. 地域文化融入高校思想政治教育研究：基于温州高校的分析 [D]. 温州大学，2016.

[24] 姚淅. 大学生思想政治教育中的审美教育研究 [D]. 山西农业大学，2015.

[25] 张文娟. 晋商文化对山西地方大学课程的影响研究 [D]. 山西大学，2015.

[26] 申晓辉. 地方高校弘扬地方传统文化研究：以河南三所地方高校为例 [D]. 华中师范大学，2013.

[27] 潘懋元，王伟廉. 高等教育学 [M]. 福州：福建教育出版社，2013.

[28] 贺祖斌. 思考大学 [M]. 北京：北京大学出版社，2015.